人力资源管理实操手册
绩效管理

中国纺织出版社有限公司

内 容 提 要

绩效管理是企业人力资源管理的核心工作之一，是确保组织成员的工作行为和工作结果与组织预期的目标保持一致的过程。本书通过大量实用性较强的图表方便读者在短时间内厘清绩效管理的知识脉络，通过案例讲解，以典型企业为例为读者提供实操典范；书中的人力资源常用表格、文件等相关资料，为读者顺利工作和学习保驾护航。本书内容通俗易懂、实操性强，特别适合人力资源管理实务入门者、企业的管理者及各高校人力资源管理专业的学生学习、使用。

图书在版编目（CIP）数据

人力资源管理实操手册. 绩效管理 / 卜玥倩编著. --北京：中国纺织出版社有限公司，2024.1
ISBN 978-7-5229-1079-6

Ⅰ. ①人… Ⅱ. ①卜… Ⅲ. ①企业绩效—企业管理—手册 Ⅳ. ①F272.921-62

中国国家版本馆CIP数据核字（2023）第190954号

责任编辑：曹炳镝　段子君　哈新迪　　责任校对：王蕙莹
责任印制：储志伟

中国纺织出版社有限公司出版发行
地址：北京市朝阳区百子湾东里 A407 号楼　邮政编码：100124
销售电话：010—67004387　传真：010—87155801
http://www.c-textilep.com
中国纺织出版社天猫旗舰店
官方微博 http://weibo.com/2119887771
三河市延风印装有限公司印刷　各地新华书店经销
2024 年 1 月第 1 版第 1 次印刷
开本：710×1000　1/16　印张：13.5
字数：192 千字　定价：68.00 元

凡购本书，如有缺页、倒页、脱页，由本社图书营销中心调换

前言

绩效管理是指组织及其管理者在组织的使命、核心价值观的指引下，为达成愿景和战略目标而进行的绩效计划、绩效监控、绩效考核以及绩效反馈的循环过程。它的目的是确保组织成员的工作行为和工作结果与组织期望的目标保持一致，通过持续提升个人、部门以及组织的绩效水平，最终实现组织的战略目标。

绩效管理具有以下特征：

（1）绩效管理是一个过程。绩效管理是一个包含多环节的系统，它贯穿工作者工作的每一个环节，通过整个工作过程的运行来达到绩效管理的最终目的。

（2）绩效管理注重持续的沟通。绩效管理由员工与直接主管之间达成的协议来保证其完成，并在协议中对未来工作达成明确且一致的目标与理解，将可能受益的组织、管理者及员工都融入绩效管理系统。

（3）绩效管理是一个系统。绩效管理不是单纯的一次性和独立的管理活动，而是由绩效计划、绩效监控、绩效考核和绩效反馈构成的一个系统。

本书从绩效基本原理、绩效管理系统总体设计、绩效管理常用工具、绩效计划、绩效实施与控制、绩效考核、绩效反馈七个方面详细讲解了绩效管理中的实用知识。

本书的编写主要有以下特色：

（1）书中通过大量图表进行展现，方便读者在短时间内厘清知识脉络，掌握理论知识。

（2）书中设置【案例讲解】，以典型企业作为实例，提供实操典范。

（3）书中设置【温馨提示】，笔者会对一些不容易理解或者需要着重说明的地方给出具体解释。

（4）书中设置【答疑解惑】，侧重解答从业人员在实际工作中遇到的难题以及企业经常遇到的热点问题。

（5）附有人力资源常用表格、文件等相关资料，为读者顺利工作保驾护航。

本书内容通俗易懂，实操性强，特别适合人力资源管理实务入门者、企业管理者及各高校人力资源管理专业学生学习、使用。

编著者

2023 年 2 月

目录

第一章
你真的懂绩效吗？（绩效基本原理）
  第一节 认识绩效 ·· 2
  第二节 认识绩效管理 ··· 9
  第三节 认识战略性绩效管理 ··· 19

第二章
为企业"量身定做"绩效管理系统（绩效管理系统总体设计）
  第一节 认识绩效管理系统 ·· 28
  第二节 绩效管理系统总体设计 ··· 30
  第三节 战略性绩效管理系统模型的构建 ·· 45

第三章
绩效管理的"秘密武器"（绩效管理常用工具）
  第一节 目标管理 ·· 52
  第二节 标杆管理 ·· 60
  第三节 平衡计分卡 ·· 69
  第四节 关键绩效指标 ·· 77
  第五节 经济增加值法 ·· 84

第四章
从学会做计划开始（绩效计划）
  第一节 认识绩效计划 ·· 92

第二节　绩效计划的制订……………………………………………95
　　第三节　构建绩效指标体系…………………………………………102

第五章
好业绩是干出来的（绩效实施与控制）

　　第一节　绩效监控……………………………………………………118
　　第二节　绩效辅导……………………………………………………121
　　第三节　绩效信息收集………………………………………………130

第六章
工作做得好，不一定考核就好（绩效考核）

　　第一节　认识绩效考核………………………………………………138
　　第二节　绩效考核的管理机构………………………………………140
　　第三节　绩效考核的主体……………………………………………144
　　第四节　常见的绩效考核方法………………………………………149
　　第五节　员工绩效考核的流程与方法………………………………155

第七章
拿考核结果来说话（绩效反馈）

　　第一节　绩效反馈……………………………………………………166
　　第二节　绩效反馈面谈………………………………………………172
　　第三节　绩效考核结果的应用………………………………………185
　　第四节　如何实施绩效改进计划……………………………………193
　　第五节　如何处理绩效申诉…………………………………………201

参考文献……………………………………………………………………209

第一章　你真的懂绩效吗？
（绩效基本原理）

第一节　认识绩效

一、什么是绩效

管理学大师彼得·德鲁克认为：不进行考评就不能管理……所有的组织都必须思考"绩效"为何物。在这以前简单明了，现在却不复如此。策略的拟定越来越需要对绩效的新定义。目前，对绩效的界定主要有三种典型观点，如图1-1所示。除此之外，还有一种观点认为绩效是知识、技能等通过工作能转化为物质贡献的个人素质。

图1-1　界定绩效的三种典型观点

1. 绩效是结果

绩效的"结果观"认为，绩效是工作达到的结果，是一个人工作成绩的记录。一般用来表示绩效结果的相关概念有目标、结果、生产量、关键绩效指标、关键结果领域等。在实际应用中，将绩效以"结果/产出"的形式加以解释和衡量是最早出现也是最为常见的方法，而对绩效结果的不同界定，可以体现出不同类型或水平的要求。

2. 绩效是行为

绩效的"行为观"认为，绩效就是工作行为或过程。它是人们的实际行为，应该与结果分开。无论这些行为是心智活动还是体力活动。这一观点中隐含了这样一种思想：尽管绩效是行为，但并不是所有的行为都是绩效，只有那些与组织目标实现有关的行为才是绩效。为此，鲍曼和摩托维德罗提出了"周边绩效—任务绩效"模型：任务绩效与工作正式规定的内容直接联系；周边绩效是指在现实组织中除工作目标、职责和结果等正式规定的内容之外的一些超职责行为。

3. 绩效是结果和行为的统一体

这种观点认为绩效就是结果与行为的统一体，绩效既包括工作结果，又包括工作行为。也就是说，不仅要看做什么，而且要看是如何做的，绩效不仅取决于做事的结果，还取决于做事的过程和行为。这种理解综合了前两种观点的内涵，绩效就是指事物运动过程中所表现出的状态和结果，它包含质和量两方面，可以通过定性和定量两种状态或方式进行描述和反映，最终通过客观评价和主观评价等方式表现出来。

这种观点不仅能更好地解释实际现象，而且相对宽泛的界定使绩效更容易被大家接受，这对绩效考核与绩效管理是至关重要的。

上述这些观点之间并不矛盾，而是相辅相成、共同构成了一个全面的绩效观。绩效的特性决定了绩效概念的复杂性，人们对绩效的认识是不断发展的，从单纯地强调数量到强调质量，再到强调满足顾客需求，从强调即时绩效到强调未来绩效，都说明要用发展的观点来看待和理解绩效。

二、绩效的三个层次

作为一个由不同的部门和人员组成的复杂系统，一个企业内部有各种各样的子系统（部门、流程、团队、员工），绩效管理关注的焦点在于怎样提高不同领域的工作绩效，使其能够协同工作，共同为企业的战略目标服务。按照考察内容和管理方法的不同，我们可以将绩效管理分为三个层次，如图 1-2 所示。

图 1-2　绩效管理的三个层次

1. 组织绩效

组织绩效（organization performance）面向整个企业的任务和目标完成情况，强调通过评估组织绩效对组织结构、生产工艺、业务流程等方面的调整实现组织的战略目标。组织绩效与企业经营绩效密切相关要完成企业的经营目标需要向外部客户提供一定的产品或服务。这些成果一般使用数量、质量、时间和成本等类似的词语描述。例如，市场占有率比上一年度提高25%，成本下降10%等。

2. 流程绩效

流程是指生产产品或者提供服务的一系列步骤和程序。质量管理和流程再造是这个领域中提高绩效最重要的两种手段。组织中有跨部门的众多流程，流程绩效（process performance）管理的任务就是考察流程中哪个环节出现问题或者需要如何改进以满足组织的战略计划要求。

3. 个人绩效

个人绩效（individual performance）是最受人关注的一个领域，强调以员工为核心的绩效概念。个人绩效着眼于如何促使员工努力工作以达到其工作岗位的要求，同时承认对个人绩效进行管理须在组织目标的框架内进行。

绩效管理的三个层次实质上是将企业的战略逐级分解到部门、流程和个人，只有每个级别和层次的绩效工作形成一个有机整体，一个企业才能有良好的绩效表现。

三、绩效的影响因素

员工个人绩效与团队绩效、组织绩效相互联系，不可分割。员工绩效的高低直接影响公司的盈利状况及未来经营发展的方向，其重要性毋庸置疑。本书在对理论和实践双重把握的基础上总结出影响员工绩效的5个关键因素，如图1-3所示。

第一章 你真的懂绩效吗？（绩效基本原理）

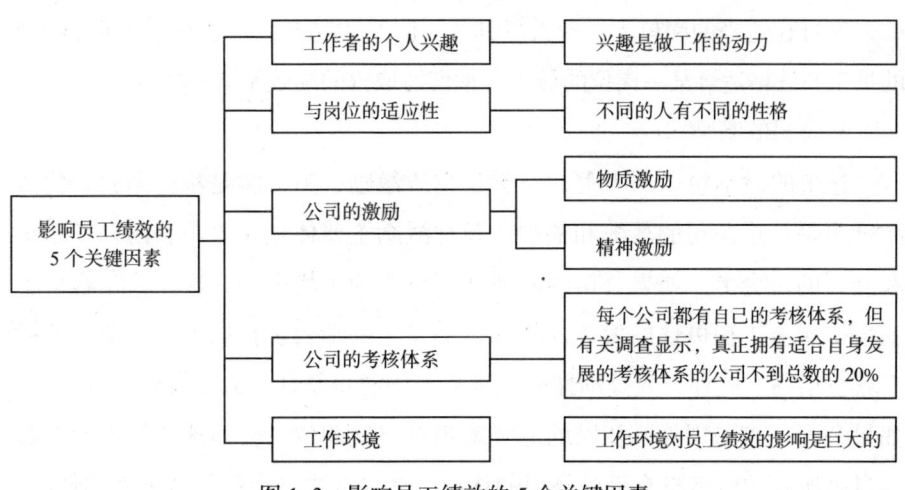

图 1-3　影响员工绩效的 5 个关键因素

1. 工作者的个人兴趣

兴趣是做工作的动力。如果员工对一份工作感兴趣，做起来就会事半功倍；相反，如果员工对一份工作缺乏兴趣，做起来就会事倍功半。例如，同样是做营销，员工 A 对营销感兴趣，那么他会主动学习营销方面的知识，主动地联系已有客户和挖掘潜在客户，在遇到挫折时也不会轻易地放弃；员工 B 对营销工作缺乏兴趣，他在开拓市场及联系客户方面的积极性与主动性会明显低于 A，遇到挫折时也会轻易放弃，那么在月末或季末进行绩效考核时，员工 A 的绩效水平往往高于员工 B 的绩效水平。

2. 与岗位的适应性

不同的人有不同的性格。有的人性格外向，善于言谈，人际关系能力强，喜欢在公众面前发表自己的言论；有的人则性格内向，忠厚老实，喜欢独立地思考问题。不同性格的人所适合的岗位也不同，例如，有些人喜欢与人打交道，管理者应该把他安排在销售或公关的岗位上；对于比较保守、内向、细心的人，管理者可以把他安排在会计或审计的岗位上；而对于善于独立思考的人，管理者可以安排他去搞学术。其实对于不同的人来说，没有能力强弱之分，只有是否与岗位适配的区别。也许在某岗位上，A 的能力弱于 B，但在另一岗位上，A 就可能强于 B。管理者要做的是在适当的时间把适当的人安排在适当的岗位上，使人尽其才。同等情况下，性格不适合某一岗位的员工和性格适合某一岗位的员工，他们所取得的绩效是不一样的。

3. 公司的激励

这里的激励包括两大类，一类是物质激励，另一类是精神激励。物质激励主要是指公司的薪酬和福利，精神激励主要体现在口头表扬以及培训和升迁的机会上。如果公司的薪酬低于行业的平均水平，这在一定程度上就会影响员工积极性的发挥，从而影响员工的绩效。长期下去，员工流动率就会增高。此外，人是理性的经济人，同时也是社会人和自我实现的人，如果公司一直采用外部招聘的方式来填补空缺职位，公司现有员工便会感到自己所做的贡献没有得到公司的认可，久而久之会出现绩效下降的情况。此外，无论是物质激励还是精神激励，都应该体现出"及时"的原则，如果激励不及时，就达不到应有的效果。

4. 公司的考核体系

每个公司都有自己的考核体系，但有关调查显示，真正拥有适合自身发展的考核体系的公司不到总数的20%。也就是说，大多数公司的绩效考核或流于形式，或有失公平导致起不到应有的作用。例如，某企业员工A无论努力程度还是所取得的业绩都比同一部门员工B要好，但每次年末考核，他的得分都跟B一样，发给他们的工资和奖金也都是一样的。逐渐地，在员工A心中就形成了一种印象：干多和干少都一样。于是，他变得不怎么努力，也不那么积极主动地工作，他的实际绩效自然就降低了。

5. 工作环境

工作环境对员工绩效的影响非常大。良好、令人舒适的工作环境，会让员工提高工作效率，从而有利于自身潜能的发挥；混杂、让人不安或不适的工作环境，会让员工效率低下，不利于潜能的发挥。这里的工作环境不仅指地理环境，同时也包括人文环境。当一个员工处于一个充满活力与创造力、勇于开拓与进取、彼此之间相互激励与促进的团队时，他的绩效会提高；相反，当一个员工处于相互猜疑与妒忌、安于现状、彼此之间不提供任何帮助的团队时，他的绩效肯定会降低。这是团队环境对个人影响的集中体现。

> **温馨提示**
>
> 绩效考核，到底考什么
>
> 1. 考业绩
>
> 员工对企业创造的价值，最直观的体现就是业绩，员工业绩的好坏关系到企业的生存与发展。这样看来，业绩自然是重要的考核项目。业绩考核是对员工行为的实际效果进行评估，考核的重点可能是工作内容和工作质量，也可能是工作方式和工作行为。
>
> 2. 考能力
>
> 企业不会让能力有限的员工占据企业的资源，这就要求对员工的能力进行考核。一个人的能力如何是比较难衡量的，因为能力是内在的，但工作能力与工作业绩有紧密联系。企业对员工进行能力考核，通常会根据职位对能力的要求来进行。
>
> 3. 考态度
>
> 员工能力越强，业绩就越好，但这并不是绝对的，因为态度也会影响业绩。你可能会问："考核态度，真的合适吗？"因为态度看起来难以考核。态度没有绝对值，只有相对值，不能拿来丈量，但并非无法评价，多人打分、调查问卷等方式都可以作为考核方法。

案例 1-1　一人多岗的初创公司，如何制定绩效考核制度？

某贸易公司属于初创公司，销售还未走上正轨，老板想制定一套基于目标的绩效考核制度。目前，公司大部分工作人员都有一人多岗的情况，在这种情况下，如何制定绩效考核制度呢？

【解析】可按照如下内容制定绩效考核制度。

1. 绩效管理系统的结构设计

按照绩效管理的前后顺序，绩效管理系统可划分为三个子系统，即绩效指标体系、考评运作体系和结果反馈体系。

（1）绩效指标体系，按重要性大小，可分为关键绩效指标、岗位职责指标、工作态度指标、否决指标岗位胜任特征指标等。按企业层级，绩效指标体系可以分为企业指标、部门指标、班组指标以及岗位指标等。在管理实践中，绩效指标体系主要从以上这两个维度（指标的重要性和企业层级分类）进行构建。

（2）考评运作体系，包括考评组织的建立、考评者与被考评者的确定、考评方式方法、考评程序的确立、考评信息数据的收集与管理以及绩效管理制度的建立与运行等内容。

（3）结果反馈体系，是绩效管理系统收尾部分，也是其他子系统正常运行的基础和依据。

2.绩效管理系统设计的具体步骤

（1）前期准备工作。

①明确企业战略目标。

②进行工作分析形成工作说明书。

③在工作说明书基础上进行岗位胜任特征模型设计。

（2）指标体系设计。

①根据企业战略目标的要求，设计企业层面的KPI，然后运用各种方法技术将企业KPI分解到部门、班组以及岗位。

②根据工作说明书内容设计岗位职责指标（PRI）；根据岗位胜任特征模型设计各类岗位的岗位胜任特征指标（PCI）。

③根据岗位不同，设计各类人员工作态度指标（WAI）和否决指标（NNI）。由此构建完成整个企业的绩效指标体系。

（3）绩效管理运作体系设计，主要包括考评组织的建立、考评方式方法和相关考评工具的设计、考评流程的设计等。

（4）绩效考评结果反馈体系设计，主要体现在绩效考评结果与培训、薪酬以及人员配置等工作的关系。

（5）制定绩效管理制度，将企业所有与绩效管理相关的工作系统化、制度化为绩效管理制度，以保证管理工作的顺利开展。

【答疑解惑】

问 1：绩效管理仅仅是人力资源部门的工作吗？

【解答】大多数企业认为绩效管理是人力资源部门的工作，一些高层管理者只顾发出指令，剩下的工作全部交给人力资源部门，如果出现问题，则全部归咎于人力资源部。事实上，绩效管理活动不仅是人力资源部门的工作，更是各层各类管理者的职责。必须对绩效管理各个责任者进行明确界定，对其职能合理定位，促进企业内部绩效管理职责分担，从而使绩效管理成为一个能在企业内部形成各级人员有效互动的管理体系。

问 2：人力资源部门是只考核基层职位，不考核高层管理职位吗？

【解答】出于种种考虑，一些企业管理者和人力资源经理错误地认为企业高层管理人员不宜考核、不易考核、不能考核。在企业中，由于高层管理人员掌握更多资源，他们的绩效表现对企业的整体绩效影响更大，所以应该重点考核。如果只对基层员工进行绩效考核和管理，而对高层管理者的工作行为不进行考核，那么就会增加基层人员的不公平感，也会加重他们对绩效考核的消极情绪。

第二节　认识绩效管理

一、什么是绩效管理

绩效管理是指组织及其管理者在组织的使命和愿景的指引下，为达成组织战略目标而进行的绩效计划、绩效监控、绩效评价以及绩效反馈的循环过程。它的目的是确保组织成员的工作行为和工作结果与组织期望的目标保持一致，通过持续提升个人、部门以及组织的绩效水平，最终实现组织的战略目标。绩效管理具有以下特征。

1.绩效管理是一个过程

绩效管理是一个包含多环节的系统，它贯穿于工作者工作的每一个环节，强调通过控制绩效周期的整个过程来达到绩效管理的最终目的。

2. 绩效管理注重持续的沟通

绩效管理由员工与直接主管之间通过沟通达成的协议来保证其完成，并在协议中对未来工作达成明确且一致的目标与理解，将可能受益的组织、管理者及员工都融入绩效管理系统。

美国绩效管理专家巴克沃认为真正的绩效管理是员工和主管之间持续有效的沟通过程。他倡导员工和直接主管之间进行沟通，认为这是组织和管理者的高收益投资，并以此为核心构建了完整的绩效管理体系。

3. 绩效管理是一个系统

绩效管理不是单纯的一次性和独立的管理活动，而是由绩效计划、绩效实施和管理、绩效评价和绩效反馈构成的一个系统。绩效计划是被评价者和评价者双方对员工应该实现的工作绩效进行沟通的过程，并将沟通的结果落实为正式书面协议即绩效计划和评价表。它是双方在明晰责、权、利的基础上签订的一个内部协议。绩效评价是企业为了达到生产经营的目的，运用特定的标准和指标，采取科学的方法，对承担生产经营过程及结果的各级管理人员完成指定任务的工作业绩和由此带来的效果进行价值判断和选择的过程。

温馨提示

绩效管理中的几个关键要素

1. 关注与目标相关的工作职责及贡献和产出。绩效管理具有明确的目标导向性，所有绩效评估关注的都是员工在工作目标范围内的工作产出与工作表现，任何工作目标之外的员工表现不作为绩效评估的依据。

2. 开放沟通的行为将持续贯穿绩效管理活动的全过程，从绩效目标的制定、绩效计划的形成、达成目标过程中的目标调整和任务变更，到对工作贡献与产出的评估、绩效改进计划的形成以及提出新的绩效目标，都会通过员工与直接主管的沟通来实现。员工与直接主管在沟通过程中要形成达成目标的契约，这种契约是基于对未来的组织目标和具体的工作目标的理解与承诺。在契约中，需要明确规定以下内容：

(1) 员工的工作目标以及该员工的工作对整个组织目标的意义和影响。

(2) 期望员工履行的工作职责。

(3) 员工的工作应该达到的标准。

(4) 以何种方式衡量绩效。

3.绩效评估之后必须伴随绩效的改进与提高的计划和行动。在绩效评估之后,管理者需要与员工进行绩效反馈面谈,将绩效评估的结果反馈给当事人,并与员工共同制订绩效改进和提高的计划。

二、绩效管理的三个层次

绩效管理也分为三个层次,如图1-4所示。

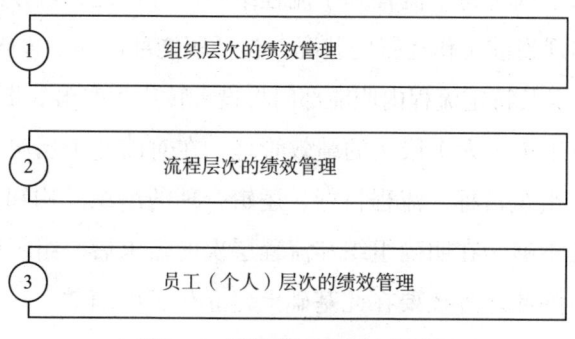

图1-4 绩效管理的三个层次

第一,组织层次的绩效管理。只有通过对组织进行系统的整合与管理,组织才能发挥协同作用。如果管理者只对某一层次的绩效进行管理,结果至多是绩效的较小改进,甚至对其他方面的投入也可能达不到预期效果。管理者只有在组织层次上理解并推动组织目标、组织设计和组织管理,才能使绩效整体提高。

在组织层次,战略阐述了组织怎样向不同的市场提供产品和服务的问题。建立明确清晰的组织目标仅仅是迈出的第一步,管理人员需要设计相应结构的组织以确保目标的实现。组织目标和组织设计确定以后,就需要对组织绩效进行管理。

第二，流程层次的绩效管理。了解组织的有效方法之一是将其看作一个完整的系统（水平的组织），而不是将其看作各项职能的层级排列（垂直的组织）。虽然组织层次的绩效管理设定了组织发展方向，指出了威胁所在，但经验表明，绝大部分变化通常都发生在流程层次。明确的战略、逻辑分明的组织设计（组织层次）以及高技能的员工（员工层次）都不能弥补组织业务流程层次的缺陷。

每一个主要流程和辅助性流程都是为一个或多个组织目标服务的。就实际的经验而言，大多数流程都没有目标，但与目标联系起来时，流程的效率最高。流程目标有三个来源，分别是组织目标、客户需求和标杆信息。一旦建立了关键流程的目标体系，管理人员应该按照实现目标的要求进行流程设计。为了确定每个流程和子流程结构的合理性，可以建立组织层次的流程图来体现当前工作运行的状况，包括职能部门间的投入—产出关系、流程图的记录以及特定流程内职能部门将投入转化为产出的步骤。

第三，员工（个人）层次的绩效管理。在对前两个层次的绩效进行分析后，明确了组织目标、流程目标、逻辑合理的组织结构和流程框架。然而，这显然还不够。在明确组织和流程层次的需求后，组织就打下了坚实的绩效基础，除此之外还要在此基础上建立员工的绩效。只有对整体绩效背景下的工作和执行人员进行分析，绩效改进才能真正实现。

组织和流程层次确立的目标、设计与管理都是影响员工绩效的系统构建。员工个人绩效系统建立在上述层次的基础上，是对组织和流程层次绩效的巩固和加强。只有充分关注其中的每一个组成部分，才能实现全面改进。

确保员工实现对组织和流程目标的贡献最大化的唯一办法就是强调员工层次的三个绩效变量——工作目标、工作设计和工作管理。由于员工的职责是推动流程的正常运转，因此需要确保个人工作目标要反映其对流程的贡献。将工作目标传达给执行员工，告知他们要做什么以及做到什么程度。建立对工作目标的充分了解和承诺，最好的方法就是让员工参与到为其确立目标的过程中。建立工作目标后，我们需要对每项工作进行结构化处理，从而确保其工作职责能够促进目标的实现。而工作管理的目标是将有实力的员工置于适当的岗位，以支持他们实现工作目标。

三、企业进行绩效管理的作用

1. 使企业受益

绩效管理对于企业目标的实现及全部企业管理活动的有效进行具有重要作用。

首先，绩效管理奠定了企业战略目标实现的基础。战略是对未来结果的一种期望，这种期望的实现要依靠组织的所有成员，按一定的职责和绩效要求，通过继续努力和发挥创造性来实现。因此，绩效管理的系统成为企业战略控制系统不可缺少的管理工具和手段。

其次，绩效管理能够增强企业计划管理的有效性。绩效管理能使企业中每个部门的活动和每个员工的努力都朝向企业目标，从而强化了企业对业务的计划性，增强了计划管理的有效性。

最后，绩效管理是建设企业文化的有效工具。在绩效管理过程中，组织通过对考评指标维度及权重的设计，可以引导和强化员工的行为，使之符合企业的价值导向，形成核心价值观，这更有利于企业文化建设落到实处。

2. 使管理者受益

通过绩效管理而非简单的考核，管理者更加重视绩效沟通，会给予员工更多关注，而不只是在绩效考核阶段充当裁判员的角色。在充分参与绩效计划和绩效沟通的基础上，员工能亲身感受和体验绩效管理的正面作用，从而减少对管理者的抵触情绪，树立管理者的在员工心中的良好形象。通过有效沟通，员工能够向管理者提供真实信息，坦然面对考核结果，使管理者充分掌握下属情况，为进一步开展管理工作奠定基础。

3. 使员工受益

绩效管理是一种为促进员工发展而进行的人力资本投资。员工在企业中处在具体的职位上，是绩效管理的直接对象。员工在工作过程中，既要履行自己的职责，也要获得自身需要的满足感并实现自我发展，而绩效管理对员工具有重要作用。首先，绩效管理使员工能够获得关于工作状况和业绩的反映，避免由于不了解自己的工作及业绩状况而产生焦虑。其次，绩效管理可以提高员工的工作效率。通过绩效管理，员工知道应该做什么和怎样去做，员工会明确自己拥有什么样的权利，可以在什么范围内进行决策。最后，绩效管理能够促进员工能力的提高和职业发展。通过在绩效管理中持续不断的沟通，管理者和员工共同对员工的工作绩效进行分析，找到问题原因和改进方向，为员工提供培训发展的机会，促进员工能力的提高和职业的发展。

四、绩效管理的基本流程

绩效管理是一个包含绩效计划、绩效监控、绩效考核和绩效反馈四个环节的闭环系统。有效的绩效管理工作必须保证这四个环节的有序开展。

1. 绩效计划

绩效计划（performance planning）作为绩效管理系统闭环中的第一个环节，是指当新的绩效周期开始时，管理者和下属依据组织的战略规划和年度工作计划，通过绩效计划面谈，共同确定组织、部门以及个人的工作任务，并签订绩效目标协议的过程。

在绩效计划环节，管理者和下属通过确认如图1-5所示问题而进行双向沟通：

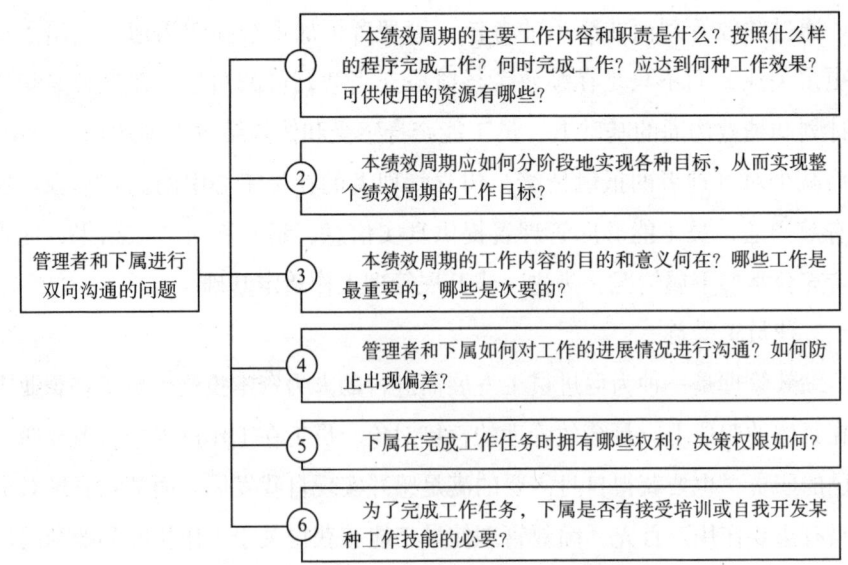

图1-5　管理者和下属进行双向沟通的问题

从以上问题可以看出，作为整个绩效管理过程的起点，绩效计划非常注重管理者和下属的互动式沟通和全员参与，使管理者与下属在做什么、做到什么程度、怎么做等问题上达成共识。

2. 绩效监控

绩效监控（performance monitoring）是绩效管理的第二个环节，也是整个绩效周期中历时最长的环节。绩效监控是指在绩效计划实施过程中，管理者与下属通过持续的绩效沟通，采取有效的方式对员工的行为及绩效目标的实施情况进行监控，并提供必要的工作指导与工作支持的过程。

绩效计划是绩效管理成功的第一步，绩效监控作为联结绩效计划和绩效评价的中间环节，对绩效计划的顺利实施和绩效结果的公平评价有极其重要的作用。它要求管理者在整个绩效计划实施过程中持续与下属进行绩效沟通，了解下属的工作状况，预防并解决绩效管理过程中的各种问题，帮助下属更好地完成绩效计划。

在绩效监控阶段，管理者主要承担两项任务，如图1-6所示。

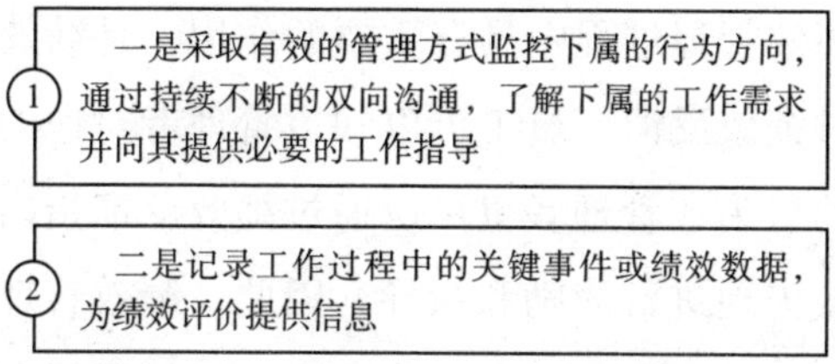

① 一是采取有效的管理方式监控下属的行为方向，通过持续不断的双向沟通，了解下属的工作需求并向其提供必要的工作指导

② 二是记录工作过程中的关键事件或绩效数据，为绩效评价提供信息

图1-6　管理者主要承担的任务

从绩效监控的手段看，管理者与下属之间进行的双向沟通是达到绩效监控目的的一项非常重要的手段。为了实现对下属绩效的有效监控，管理者与下属应共同制订一个相互交流绩效信息的沟通计划，从而有针对性地帮助管理者指导并鼓励下属不断提高工作绩效，缩小绩效差距，确保绩效目标的顺利完成。

3. 绩效考核

作为绩效管理过程中的核心环节，绩效考核（performance appraisal）是指根据绩效目标协议书所约定的评价周期和评价标准，由绩效管理主管部门选定的考核主体，采用有效的考核方法，对组织、部门及个人的绩效目标完成情况进行评价的过程。

需要注意的是，应当把绩效评价放到绩效管理过程中，将其看作绩效管理过程中的一个环节，不能脱离绩效管理其他环节。首先，绩效考核的基本内容是绩效周期开始时管理者与下属共同制定并签署的绩效目标计划协议，并且其不能根据管理者的主观意图和喜好随意修改；其次，绩效考核所需要的信息和佐证材料是在绩效监控过程中收集的；最后，绩效考核的目的不只是了解现有的绩效水平，而且是通过客观、公正的绩效评价找出导致员工绩效不佳的问题及原因，为绩效反馈阶段的绩效改进提供依据。

4. 绩效反馈

绩效反馈（performance feedback）是指在绩效评价结束后，管理者与下属通过绩效反馈面谈，将评价结果反馈给下属，共同分析绩效不佳的方面及其原因，制订绩效改进计划的过程。

绩效反馈在绩效管理过程中具有重要的作用，是绩效管理过程中的一个重要环节。通过绩效反馈，员工可以知道管理者对他的评价和期望，从而不断修正自己的行为；管理者也可以通过绩效反馈指出员工目前存在的问题，从而有的放矢地进行激励和指导。因此，绩效管理的目的要着眼于提高绩效，确保员工的工作行为和工作产出与组织目标保持一致，从而实现组织的绩效目标。而绩效管理能否确保组织目标的实现，则在很大程度上取决于管理者如何通过绩效反馈环节使员工充分了解并不断改进自己的绩效水平。

绩效管理是一个循环的、动态的系统，绩效管理系统所包括的几个环节紧密联系、环环相扣，任何一环的脱节都将导致绩效管理的失败，所以，在绩效管理过程中，企业应重视每个环节的工作，并将各个环节有效地整合在一起，力求做到完美。

【答疑解惑】

问：绩效管理目标不明确，管理者只注重短期效果怎么办？

【解答】在企业的绩效管理实践中，许多管理者认识到了绩效考核的作用，认为通过绩效考核可以将员工的绩效水平区分开来，以此作为奖惩和晋升的判断工具，一门心思地设计绩效考核表格、绩效考核指标，研究指标量化的可能性，让数字说话。他们往往只关注员工过去的绩效表现，只回顾过去一个阶段的绩效结果，将绩效管理理解为给员工挑毛病，员工只能根据奖金的变化来判断上级对自己的评价，他们工作好在哪里、不好在哪里都无从知晓，继续发扬或改进更无从谈起。

这种表现是对绩效管理目标的误解，绩效管理的真正目的在于通过管理者与员工就绩效目标与员工表现进行持续沟通，并通过绩效辅导使员工绩效得到持续改进，从而提高个人和组织的绩效，并最终实现企业目标。通过有效的绩效考核，绩效优者受到激励并致力于提高绩效，反之，绩效平平或者表现不好者知道自己究竟差在哪里，就能够找到绩效提高的方向。

案例1-2　过于追求考核全面，忽略绩效管理的导向作用对吗？

某公司对司机岗位进行绩效考核。推行考核初期，由于车辆基础管理工作不到位，只对司机岗位的"出车里程"和"安全行驶"两个指标进行考核，"出车里程"占60分，"安全行驶"占40分。由于绝大多数司机安全意识较高，几乎不会发生安全问题，每次考核"安全行驶"都是40分。后来，该公司对司机岗位的考核进行了改进，增加了"油料消耗""车辆维修""车辆保养""服务评价"等指标，将"安全行驶"所占分值降为10分。这时新的问题出现了，当某名司机出现责任交通事故，并给公司带来巨大损失时，根据考核方案，虽然"安全行驶"指标得0分，但其他方面完成得很好，该司机仍然能得到八九十分的"合格"甚至"优良"的评价，这显然是有问题的。

该企业在给司机岗位进行考核过程中遇到的上述困惑，是什么原因造成的？

【解析】在绩效管理实践中，存在一种倾向，就是尽量追求考核指标的全面和完整，考核指标涵盖这个岗位的几乎所有工作，事无巨细地说明考核的要求和标准。诚然，这种考核对提高工作效率和质量是有很大作用的，通过定期或不定期的检查考核，员工会自然会在工作要求及标准方面尽力按公司的要求去做，对提高业务能力和管理水平有积极意义。

但这种模式的考核也存在两个重大缺陷：一是绩效考核结果没有效度，也就是说，考核分数高的不一定是对组织贡献最大的，考核分数低的不一定是实际工作表现差的，这样就制约了公平目标和激励作用的实现；二是由于考核项目众多，缺乏重点，无法实现绩效管理的导向作用，员工感到没有发展目标和方向，缺乏成就感。

考核没有效度以及不能实现战略导向作用大致有以下几个原因。

（1）由于考核项目众多，员工感觉不到组织的发展方向和期望的行为是什么，同时由于每项指标所占权重很小，即使很重要的指标，员工也不会太在意。

（2）在考核实操中，抽查检查员工工作是普遍采用的方式。对于抽查检查中发现的问题，被考核者往往不从自身的工作中找原因，而认为是自己倒霉并坚持认为别人考核成绩好是因为运气好，存在的问题没有被发现，被考核者从内心不会接受这样的考核结果。

（3）考核者对被考核者工作的认识和理解往往存在偏差，这样会导致绩效考核出现"无意识误差"；另外，考核者往往不是被考核者的直线上级，不必对被考核者的业绩负责，导致绩效考核的随意性，由此引发绩效考核出现"有意识误差"。这两种情况都会引起绩效考核者的公平公正性受到质疑。

总之，过分追求指标的全面、完整，必然会冲淡最核心的关键业绩指标的权重，因而使绩效考核的导向作用大大弱化。

【答疑解惑】
问：为什么要形成绩效档案？
【解答】管理者进行绩效考核时，与员工就考核结果发生争执是常有的事。具体表现为，管理者认为某一个员工表现不好，但是没有足够的证据支撑自己的判断，因此，员工不会对管理者的评价心服口服，往往导致工作气氛紧张，双方不欢而散的后果。

出现争执的原因就在于管理者不能提供一个有说服力的事实依据，没有绩效记录，没有建立绩效档案。建立绩效档案可以帮助员工回顾工作过程，员工能察觉自己的不足与已经取得的绩效。同时，也为以后要做的绩效考核提供了事实依据，使考核更加公正公平，防止管理者和员工就员工绩效表现无法达成一致的判断。

建立绩效档案的一个有效方法就是关键事件记录法。关键事件是指员工工作中发生的特别好和特别不好的事件，管理者对这些事件发生的时间、地点、起因、经过以及结果进行记录，以便在今后的绩效考核中形成有效的绩效档案，正确记录员工行为。需要注意的是，在记录特别不好的事件时，管理者在记录完成后要找员工签字确认，以防员工事后不承认。

第三节　认识战略性绩效管理

一、什么是战略性绩效管理

战略性绩效管理是指对企业的长期战略制定实施过程及其结果采取一定的方法进行考核评价，并辅以相应激励机制的一种管理制度。战略绩效管理即以战略为导向的绩效管理系统，并促使企业在计划、组织、控制等管理活动中全方位地发生联系并适时进行监控的体系。战略性绩效管理主要包括两方面：一是根据企业战略，建立科学规范的绩效管理体系，以战略为中心牵引企业各项经营活动；二是依据相关绩效管理制度，对每一个绩效管理循环周期进行检讨，对经营团队或责任人进行绩效考评，并根据考评结果对其进行价值分配。在战略性绩效管理系统中，管理者通过科学、合理的绩效考评，把企业战略思想、目标、核心价值观层层传递给员工，使之变成员工的自觉行为，并能不断提高员工素质，使员工行为有助于企业目标的实现。战略性绩效管理的特点如图1-7所示。

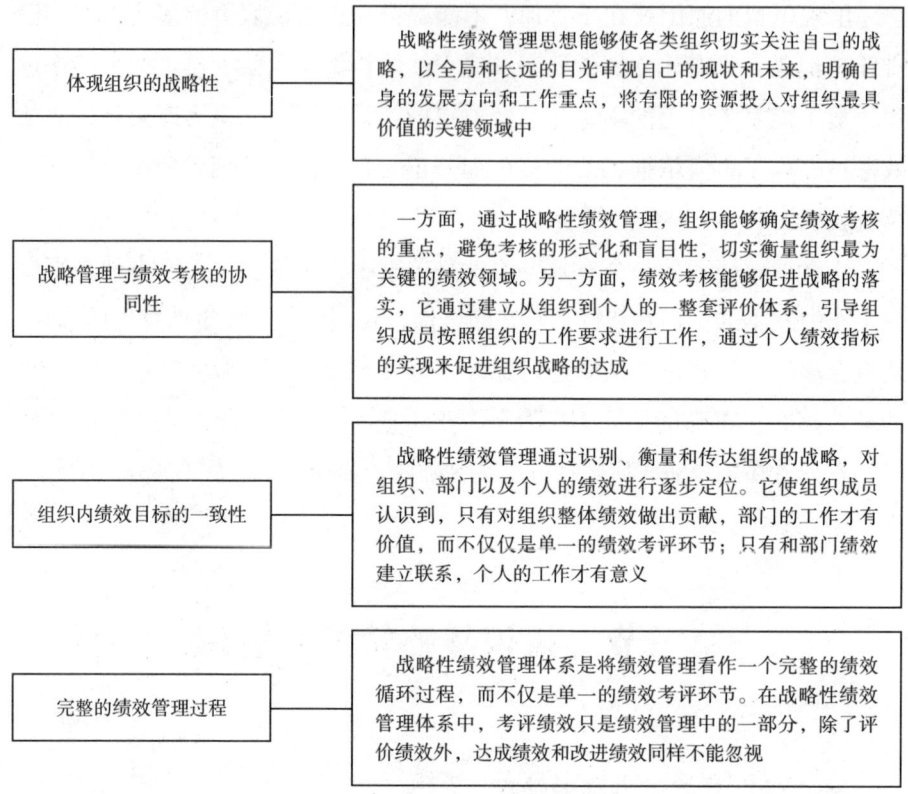

图1-7 战略性绩效管理的特点

二、战略性绩效管理体系的建立

绩效管理体系要围绕组织战略目标这个核心进行设计，主要解决的是将未来的宏观战略目标落实为近期可衡量的指标，增强企业的竞争力，持续改进、不断优化现有绩效管理体系，使企业的战略目标最终得以实现。因此，战略性绩效管理体系的建立意义重大。构建战略性绩效管理体系的步骤如图1-8所示。

第一章 你真的懂绩效吗？（绩效基本原理）

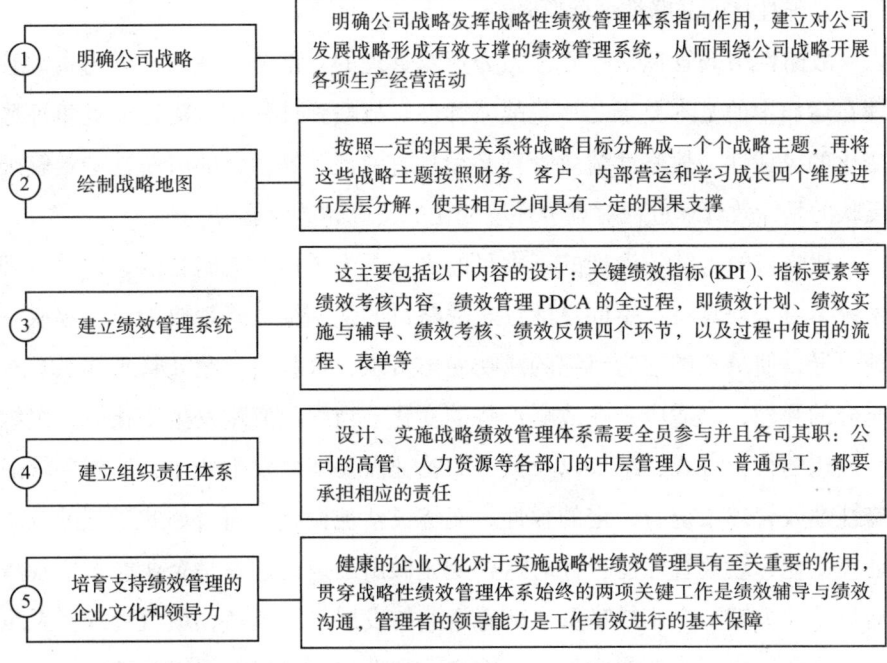

图1-8 构建战略性绩效管理体系的步骤

三、战略性绩效管理发展趋势

随着知识经济时代的到来，绩效管理体系的设计越来越注重战略导向。战略性绩效管理的发展逐渐走向成熟，出现了一些新趋势，如图1-9所示。

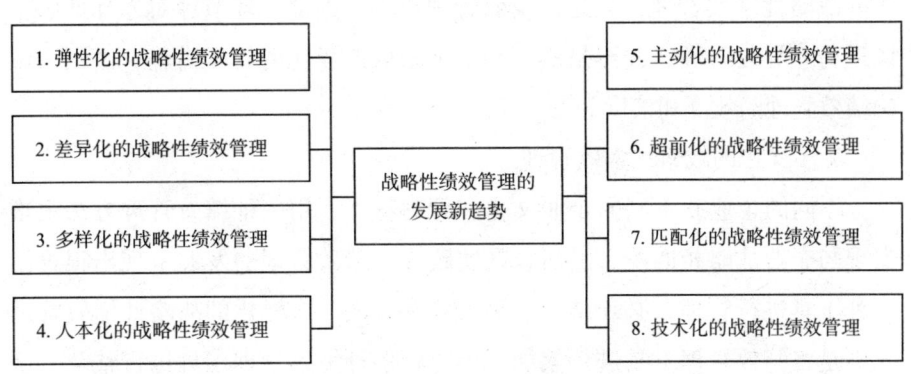

图1-9 战略性绩效管理的发展新趋势

21

1. 弹性化的战略性绩效管理

战略性绩效管理是战略性人力资源管理的一部分，战略性人力资源管理在运作中的基本要求之一是战略弹性。战略弹性是指战略适应竞争环境变化的灵活性。战略性绩效管理必须具有弹性。弹性化的战略性绩效管理反映的是绩效管理过程对竞争环境变化的反应和适应能力。

战略目的是绩效管理的三大目的之一。为了达到战略目的，绩效管理系统本身必须具有一定的灵活性。战略目的强调绩效管理要为员工提供一种引导，使员工能够为组织的成功做出贡献，这就要求绩效管理体系具有充分的弹性，以适应企业战略形势的变化。当组织战略发生变化时，组织所期望的行为方式、结果以及员工的特征需要随之发生变化，这就要求战略性绩效管理系统有一定的弹性，能够灵活地调整。面对如此激烈的竞争环境变化，绩效管理能否针对这种变化做出迅速的调整是企业能否实现战略目的的关键。企业战略重心随着企业的发展不断调整，绩效管理体系也必须具备适应这种变化的弹性。因此，弹性化的战略性绩效管理是绩效管理发展的新趋势。

2. 差异化的战略性绩效管理

毋庸置疑，每个企业都要进行绩效管理，但是，不同企业之间存在差异，同一企业的不同发展阶段存在差异，不同地区、不同行业存在差异，企业员工之间存在差异，所以要实行差异化的战略性绩效管理。采取差异化的战略性绩效管理，只是在绩效管理流程中的部分环节针对差异性的个体进行差异化管理，并不是所有环节都采取差异化的管理措施，否则会影响绩效管理的效度和信度。

3. 多样化的战略性绩效管理

不同的企业有不同的企业文化和管理特点，用一种绩效管理方法很难实现与企业战略相匹配。因而，在实践中，绩效管理的发展呈现出很难用一种工具进行管理，必须结合多种模式和方法。多样化的战略性绩效管理并不是将绩效管理工具进行累加，而是将多种绩效管理工具进行整合，这种整合是一种科学的管理。

4. 人本化的战略性绩效管理

目前企业使用的各种绩效管理工具虽然是基于先进管理理念的工具，但工具效能的充分发挥，必须依靠使用者自身的掌握。在影响绩效管理行为的管理要素中，"人"在管理活动中处于主导地位。"人"能力的高低，对组织目标能否实现和管理效能是否提高，起着决定性作用。战略性绩效管理归根结底是对"人"的管理，要做好战略性绩效管理必须"以人为本"。绩效管理强调要把"以人为本"的思想贯穿于整个绩效管理系统过程中。因此，战略性绩效管理的发展趋势必然是沿着"人本化"的方向发展的。

不同员工的能力是有差别的，会对绩效管理产生根本影响。在"以人为本"的绩效管理中，企业不仅要客观评价员工的现有绩效水平，而且要科学评价员工的潜在绩效水平，并根据员工现有绩效水平与潜在绩效水平，提高员工的绩效。此外，在对员工行为的考核中，企业不仅要考核行为表面的结果，而且要考核完成行为的过程。高效绩效管理的贯彻实施，不仅要靠管理者的知识和能力，而且要靠其诚实正直的品格，从人的潜在方面进行绩效管理。同时，"人本化"的绩效管理更加强调沟通的重要性，绩效管理的实践证明，良好的沟通是有效的绩效管理的关键因素。所以，随着现代管理理论的发展，以及人们对人力资源管理认识的提高，绩效管理的实践呼吁企业进行"人本化"的战略性绩效管理。

5. 主动化的战略性绩效管理

在当今知识经济时代，企业将人力资源视为企业最重要的资源，能否发挥人的能动性对绩效管理是否有效起了至关重要的作用。根据这种趋势，绩效管理会向着主动性的方向进一步发展。本书提出的主动化的战略性绩效管理，是指在绩效管理过程中，让员工保持积极乐观的思维模式，这种思维模式会引导员工做出更成功、更有建设性的行为，进而表现出成功的绩效。员工的思考模式和价值观是主动性绩效管理的决定因素。在目前的绩效管理中，经常发生员工把自己绩效差归咎于客观原因。员工对绩效管理不是主动接受，而是被动地执行，在这种绩效管理过程中关注的是问题本身而不是解决办法，因而不会有绩效改进的行为发生，也不会取得高绩效的结果。在主动化绩效管理中，员工乐于接受绩效计划，主动配合并执行绩效的实施，积极参加绩效考核，期盼收到绩效反馈，能够实现最佳的长期绩效，因而主动化的绩效管理是战略性绩效管理发展的新趋势。

6. 超前化的战略性绩效管理

战略性绩效管理强调关注企业未来的绩效，绩效管理由评价性向发展性转变已经是一种趋势，确切地说，这种发展性绩效管理趋势是一种超前化的绩效管理。这种新趋势是指绩效管理要走在员工发展的前面，引导员工发展，才能使员工关注企业未来的绩效。

战略性绩效管理强调动态性，因此，在绩效管理中，管理者要用动态发展的眼光看待员工，要认识到每个员工都有发展和改进的可能性，并有效引导员工向高绩效发展。绩效考核的重心从评估转移到员工的发展上来。企业绩效考核的结果用于员工个人职业生涯发展，使员工在实现组织目标的同时，也实现个人的职业目标，而员工的发展又促进了企业的发展。

总之，超前化的战略性绩效管理要求提升组织当前绩效的同时，将这种绩效发展成组织未来的更高绩效，是一种绩效管理发展的新趋势。

7. 匹配化的战略性绩效管理

权变思想认为，管理是环境的函数，管理行为应当随着环境的变化而变化。权变思想对绩效管理的指导在于，绩效管理能否取得成功，关键在于它存在的特定环境。环境是变化的，因此，绩效管理必须随环境变化而变化。这种动态变化影响绩效管理是否与企业战略相匹配，绩效管理流程中的各环节之间是否相匹配，绩效管理体系的设计是否与员工的能力相匹配等。只有协调好各方面的关系，在变化的环境中，做好匹配化的绩效管理，才能实现最佳绩效管理。针对当前快速发展的经济，绩效管理发展的新趋势要求企业必须实行匹配化的战略性绩效管理。

8. 技术化的战略性绩效管理

随着人力资源管理技术的发展，计算机技术不断用于人力资源管理中，出现了电子人力资源管理。战略性绩效管理发展中，有大量的数据信息要处理，必然催生一种新技术，能够为战略性绩效管理的发展提供巨大支持。

技术化的战略性绩效管理，主要运用以电子绩效管理为平台的绩效管理系统。电子绩效管理是指利用计算机采用信息化的绩效管理手段，基于先进的软件和大容量的硬件设备，通过信息库自动处理绩效管理的信息，提高效率，降低成本。电子绩效管理通过与企业现有的网络技术相联系，保证绩效管理与技术环境同步发展，有利于绩效管理的最佳发展。

案例 1-3　创业期企业如何实行绩效考核？

某互联网企业成立刚满 2 年，由于处于创业期，很多规章制度都不完善。为提高员工工作效率，企业老板让 HR 在公司开展绩效考核。绩效考核推行了 1 年，但大多反馈认为目前的考核流于形式，没有实质性效果，老板非常不满意，要求 HR 改善考核，达到预期效果。

那么，创业期企业该如何实行绩效考核呢？

【解析】创业期企业实行绩效考核，需要注意以下几方面：

1. 考核模式应该以奖励型考核为主

初创期企业应采用奖励型绩效管理模式，具体包括以下几点：

（1）初创期，员工较少，人员相对不稳定。不以严苛的考核为主要目标，而以相对宽松的奖励型考核为主要方式，或者说是标杆型的考核方式，坚持以鼓励为主。

（2）员工到公司之后，HR 的主要工作是辅助老板做好员工的持续发展工作。争取在这些人中发现老板的潜在合伙人。所以，绩效管理以提升绩效、深挖人才为主。

（3）公司的环境决定了生存是第一位的，对于工作能力不符合岗位要求的员工予以淘汰是毋庸置疑的，但是生存下去的方式并非只有淘汰落后人员这一种形式，将其放在合适的岗位上更加重要。所以，初创期的绩效考核还要为岗位匹配服务。

同时，绩效考核不要搞得太刻板，并非只有纸面的填表才叫绩效考核。

2. 考核指标主要关注运营指标

不同时期的企业考核侧重点是有很大区别的。成熟型企业是让利不让市场，侧重于市场占有率，"让利"要求企业必须侧重于强化内部管理和财务指标，实现降本增效，为"让利"腾出空间。而创业型企业是着眼于将外部竞争和内部挖潜相结合的，管理注重效益，用较高的产品质量拓展市场空间。因此，创业型企业财务指标可占较小比例，主要侧重于运营指标。本案例中，绩效考核流于形式，关键在于这个绩效考核没有找到企业的痛点。

3.考核形式更加注重人性化

绩效考核不应只有纸面的填表这一种方式，互联网企业更是如此。而且，互联网的管理体系应该更加灵活一些。

总而言之，不管什么时期的企业，都应有其战略方向和目标。HR只要把握好公司的战略目标，再将其层层分解下来，然后根据分解的指标进行考核即可。最关键的就是把握好企业当前的重点到底是什么。重点找到了，考核自然会有效。

案例1-4　企业战略目标在各部门之间未形成共识怎么办？

某企业存在这样一种现象：各部门绩效目标的完成情况都不错，但是公司整体绩效却不好。该企业通常的做法是：年末由各部门提出部门下一年度的目标，报公司审核，审核通过后就以此签订部门责任书，各部门考虑更多的是本部门的设想、能力甚至是利益，很少去关注公司的战略和整体的经营绩效以及公司发展对部门提出的新要求。公司审核时也只是就部门的工作讨论部门目标，部门努力工作的结果可能对于企业整体战略目标的实现价值不大，甚至没有价值。

请问，该企业的绩效管理有哪些问题？

【解析】该企业的问题在于没有将企业的战略目标具体落实到组织内部，没有在各部门之间形成战略共识，整个组织仿佛是一盘散沙，没有凝聚力。实际上，人力资源管理的重要作用就在于将企业的战略目标具体落实到组织内部各层级，而人力资源管理也支撑着企业战略目标的传递。

在企业战略明晰、组织结构确定的前提下，战略需要被转化为企业阶段性的目标和计划，在此基础上形成各部门的目标和计划，继而形成员工个人的目标和计划，这就是企业的目标体系。

第二章
为企业"量身定做"绩效管理系统
（绩效管理系统总体设计）

第一节　认识绩效管理系统

一、什么是绩效管理系统

绩效管理系统是由考评者、被考评者、绩效指标、考评方法、考评程序与考评结果等要素按照横向分工与纵向分解的方式组成的具有战略导向、过程监测、问题诊断、进度控制、人员激励等功能的有机整体，如图 2-1 所示。

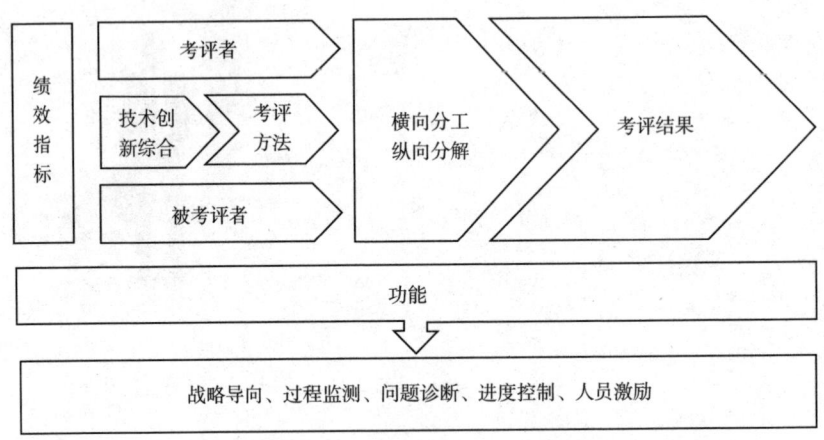

图 2-1　绩效管理系统的构成

二、绩效管理系统的组成要素

1.考评者与被考评者

考评者与被考评者是绩效管理系统中的主体因素，主要体现在绩效指标的制定阶段和绩效考评阶段。绩效指标需要考评者和被考评者共同制定，

第二章 为企业"量身定做"绩效管理系统（绩效管理系统总体设计）

这样会使二者就指标的意义与作用达成共识，有利于目标的顺利实现，也增加了绩效工作的民主性。在考评阶段，考评者是实施考评的主体，被考评者是客体，是考评的对象。需要注意的是，考评者和被考评者的位置都不是绝对的，根据考评方法和方式的不同，二者是可以交换的。比如上级考评时，领导是考评者，若采用360°考评，下属也可以成为上级的考评者。

2. 绩效指标

绩效指标是考评的内容，绩效指标的设定与考评充分体现了绩效管理系统的战略导向功能。绩效指标（特别是关键绩效指标KPI）是从企业战略目标中提炼出来的，而绩效指标的顺利完成意味着企业战略目标的实现。

3. 考评程序与考评方法

考评程序与考评方法是将绩效指标、考评者、被考评者以及考评结果联结起来的纽带，不同的考评程序和考评方法的设计，使绩效管理体现出了不同的工作效率和管理风格。企业绩效管理的原则和习惯也都是通过考评程序和考评方法来呈现的。

4. 考评结果

考评结果是考评者依据考评方法和考评程序，对被考评者的工作业绩进行考评所取得的结果，反映了被考评者对绩效指标的完成情况，能够体现出被考评者的能力高低，并且考评结果为人力资源管理其他的工作展开提供了依据，比如培训、薪酬、晋升等，这是绩效管理系统和其他系统发生作用的媒介。

三、绩效管理系统的运行方式

绩效管理系统的运行方式是横向分工与纵向分解。横向分工是指绩效工作的展开按照企业部门的业务分工不同，各自负责分内的工作，这是由各部门的职能所决定的，这体现在绩效考评上。纵向分解是由层层落实战略目标所决定的，这是使战略落到实处的必要工作，体现在绩效指标的分解和绩效考评的层层推进中。通过横向分工和纵向分解，企业的绩效指标体系、考评体系都完备地建立起来，绩效管理系统就是以这种网状结构推进的，并以这种方式进行考评。

第二节 绩效管理系统总体设计

一、绩效管理系统设计的基本内容

绩效管理系统设计的基本内容如图2-2所示。

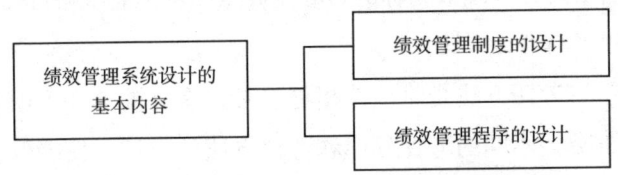

图2-2 绩效管理系统设计的基本内容

绩效管理制度是企业单位组织实施绩效管理活动的准则和行为的规范，它是以企业单位规章规则的形式，对绩效管理的目的、意义、性质和特点，以及组织实施绩效管理的程序、步骤、方法、原则和要求所作的统一规定。

绩效管理程序的设计，由于涉及的工作对象和内容不同，可分为管理的总流程设计和具体考评程序设计两部分。总流程设计是从企业宏观的角度对绩效管理程序进行设计，而具体考评程序设计是在较小的范围内，对部门或科室员工绩效考评活动过程所作的设计。

绩效管理制度设计与绩效管理程序设计，两者相互制约、相互影响、相互作用，缺一不可。绩效管理制度设计应当充分体现企业的价值观和经营理念，以及人力资源管理发展战略和策略的要求，而绩效管理程序设计应当从程序、步骤和方法上，切实保障企业绩效管理制度得到有效贯彻和实施。

第二章 为企业"量身定做"绩效管理系统（绩效管理系统总体设计）

> **温馨提示**
>
> **绩效管理系统的设计和实施者应该回答的问题**
>
> 绩效管理系统的设计和实施者在组织绩效管理策略确定的前提下设计绩效管理系统，在公司里通常是由人力资源部门来设计和实施的。作为设计和实施者，应该考虑和回答的问题有：
>
> （1）你怎样判断什么样的工具和程序对组织来说是最好的？
>
> （2）你怎样决定由谁来进行评估？
>
> （3）你提供了什么样的有关绩效管理的培训？
>
> （4）你怎样改善组织中的信息流的质量？
>
> （5）工作中的不满意是怎样被识别并且使问题得以解决的？
>
> （6）员工的绩效信息如何被保密？
>
> （7）你怎样将员工的绩效结果与提高报酬、发放奖金以及其他形式的报酬联系起来？
>
> （8）绩效评估结果如何与晋升、降职、岗位轮换、裁员、解雇等人事决策联系起来？
>
> （9）如何将工作绩效与培训的机会联系起来？
>
> （10）组织是如何关注员工的职业生涯发展的？

二、绩效管理系统总体设计流程

绩效管理总流程的设计是一项系统工程，大体由五个阶段构成，依次为准备阶段、实施阶段、考评阶段、总结阶段和应用开发阶段。

1. 准备阶段

准备阶段是绩效管理活动的前提和基础，需要解决四个基本问题。

（1）明确绩效管理的对象以及各个管理层级的关系，正确地回答"谁来考评，考评谁"。在设计绩效考评方案时，在被考评者明确的情况下，具体考评者由哪些人员组成，取决于三种因素：被考评者的类型、考评的目的、考评指标和标准。例如，在一项对操作工人的考评中，应以该员工的直接主管作为信息的主要来源，以他们为主进行考评评价。因为这些人最熟悉员工的工作情况，并能作出比较符合实际的判断。如果考评的目的是培训和开发人才，通过考评发现员工需要弥补的技能缺陷，那么就应该在上级考评的同时，进行自我考评和同事考评，让员工本人和同事积极参与，通过多视度的考评全方位地了解被考评者的优势和不足，发现员工存在的主要问题，在哪些方面存在缺陷亟待弥补和提高，为技能培训和开发提供有力的证据。再如，企业专业技术人员的绩效考评中，如果主管独立完成考评，由于他们对下属具体的技术性工作的内容不够熟悉，难以保证判断和评价的准确性和客观公正性。这时的考评又是另一种方式，企业可能召开由主管主持的，被考评者即专业人员自己、下级、有关同事，以及其他相关人员共同参与的绩效考评会议，围绕技术绩效的核心问题一起讨论，以求获得满意的考评结果。此外，如果企业的人文环境良好，员工个人的素养较高，彼此高度信任，在同事之间工作接触频繁，应采用自我考评与同事考评相结合，以上级主管考评为辅的方法，会获得较好的考评效果。又如，对教师工作和教学效果的考评，如果没有所教的学生参加的话，不可能得到对教师准确、全面的评判。

考评者是保证绩效管理有效运行和工作质量的主体，一般情况下，所有考评者都应具备的条件有：作风正派，办事公道；有事业心和责任感；有主见，善于独立思考；坚持原则，大公无私；具有实际工作经验，熟悉被考评对象情况等。此外，参与管理的考评者的数量也会影响绩效考评的质量，根据统计测量和数据分析的原理可知，考评者数量越多，个人的"偏见效应"就越小，考评所得到的数据就越接近于客观值。然而，对企业来说，符合考评者的条件和要求，并熟悉被考评者的人数是有限的。因此，在绩效管理的准备阶段，除了需要明确被考评者和考评者之外，一项重要的任务就是培训考评者。

按不同的培训对象和要求，绩效考评者的技能培训与开发，可分一般

第二章 为企业"量身定做"绩效管理系统（绩效管理系统总体设计）

考评者的培训、中层干部的培训、考评者与被考评者的培训等。培训的内容一般包括以下几个方面。

①企业绩效管理制度的内容和要求，绩效管理的目的、意义，考评者的职责和任务，考评者与被考评者的角色扮演等。

②绩效管理的基本理论和方法，成功企业绩效管理的案例剖析。

③绩效考评指标和标准的设计原理，以及具体应用中应注意的问题和要点。

④绩效管理的程序、步骤，以及贯彻实施的要点。

⑤绩效管理的各种误差与偏误的杜绝和预防。

⑥如何建立有效的绩效管理运行体系，如何解决绩效管理中出现的矛盾和冲突，如何组织有效的绩效面谈等。

在组织培训时，一般以短期的业余培训班为主，由绩效管理的专家或企业专职的绩效管理人员，按照预先设计的教学计划、教学大纲和编写专门教案及实用教材，运用丰富多彩的授课方式，组织教学与培训活动。

在以个体为对象（而不是以组织整体为中心）的绩效考评中，考评者的确定是由被考评者的工作岗位的性质和特点所决定的。在企业中，被考评者大致分为四大类：生产人员、管理人员、技术人员和市场营销人员。这四类人员所承担的工作任务的内容，作业环境和条件，劳动强度，工作责任和能力素质等具有明显的差别，在明确了这些人员的工作性质和特点之后，才能保证所设计的绩效考评体系具有针对性和可行性。

（2）根据考评的具体对象，提出企业各类人员的绩效考评要素（指标）和标准体系，明确地回答"考评什么，如何进行衡量和评价"。大多数人认为，既然是绩效管理，考评的中心和重点应当是员工的绩效。其实，这种认识有一定的片面性，绩效管理中所说的"绩效"，不仅包含着劳动者劳动活动的结果，即凝结劳动，还包含着劳动者的潜在劳动和流动劳动，也就是说，绩效管理不但要考查衡量员工的最终劳动成果，还重视员工在劳动过程中的表现；不但要考查劳动态度、行为和表现，还要研究考查员工的潜质，即他的心理品质和能力素质，这是因为员工的工作业绩与劳动态度、能力素质和心理品质有极为密切的内在联系，业绩是员工的最终劳动成果，能力和态度是员工业绩变化的内因和根据。

因此，在考评者和被考评者以及考评方法作出明确的定位之后，需要根据考评方法及其对象的特点，进行绩效考评指标和标准体系的设计。

（3）根据绩效考评的内容，正确地选择考评方法，具体地回答"采用什么样的方法"的问题。目前，适合企业不同类别岗位人员的考评方法已达几十种，这些方法各具特色，具有不同的特点和适用范围，为绩效考评提供丰富选择的同时，也给人们的选择带来了困难。为了保证考评方法科学有效，在选择确定具体的绩效考评方法时，企业应当充分虑以下三个重要因素。

管理成本。在设计考评方法时，需要进行管理成本的分析。管理成本包括考评方法的研制开发的成本；执行前的预付成本，如绩效管理的培训成本，各种书面说明指导书的编写和印制的成本等；实施应用成本，如考评者定时观察的费用，进行评定回馈考评结果、改进绩效的成本。在管理成本之外，还存在隐含成本，如考核方法欠妥，可能会引起员工的厌烦感和抵触情绪，乃至影响全员士气，有时如果处理不当，还可能诱发某种冲突甚至引起劳动争议，严重影响企业的正常生产经营活动。

工作实用性。任何一种考评方法，都必须体现实用性的原则要求，即考评方法应充分满足组织绩效管理的需要，能在实际考评中推广应用。如果一种方法需要耗费几年的时间才能研制出来，那么再好的考评工具也失去了实际的使用价值和意义。一种考评方法虽然设计得"有理有据"，其考评的指标体系也十分完整，但是在实际应用时却发现很多指标根本无法进行测量和评定，使这种方法的实用性受到很大限制，不得不进行全面的整合修改，甚至需要另起炉灶重新设计。总之，企业设计的考评方法必须切

第二章 为企业"量身定做"绩效管理系统(绩效管理系统总体设计)

实可行,便于贯彻实施。

工作适用性。考评方法的适用性是指考评方法、工具与岗位人员的工作性质之间的对应性和一致性,切实保证考评方法能够体现工作的性质和特点。一般来说,在生产企业中,一线人员宜采用以实际产出结果为对象的考评方法,而从事管理性或服务性工作的人员宜采用以行为或品质特征为导向的考评方法;在一些大型公司中,总经理、管理人员或专业人员宜采用以结果为导向的考评方法,而低层次的一般员工通常采用以行为或特征为导向的考评方法。

(4)对绩效管理的运行程序、实施步骤提出具体要求,说明"如何组织实施绩效管理的全过程,在什么时间做什么事情"。一般来说,在明确了"考评谁,谁负责考评,用何种方法考评,考评的指标和标准是什么"一系列问题之后,需要对绩效管理的运行程序、步骤提出具体明确的要求。主要应考虑以下几个问题。

考评周期的确定。考评周期除取决于绩效考评的目的,还应服从于企业人力资源与其他相关的管理制度。一般情况下,考评时间要与考评目的、企业管理制度相协调。以定期提薪和奖金分配为目的的绩效考评总是定期进行的,而且与企业的薪酬奖励制度的要求配套。用于培训的考评,可以在员工提出申请时或企业发现员工的绩效降低或是有新的技术和管理要求时组织进行,以便正确地进行员工培训与技能开发的需求分析,制订有针对性的培训计划和培训实施方案。用于员工晋升晋级的绩效考评,一般是在出现职位空缺或准备提升某类人员的时候进行,它属于不定期的绩效考评。

工作程序的确定。上级主管与下属之间形成的考评与被考评的关系,是企业绩效管理活动的基本单元。从企业单位的全局来看,绩效管理需要按一定的时间顺序按部就班地推进,对于各个绩效管理的单元来说,其具体的工作步骤如图 2-3 所示。

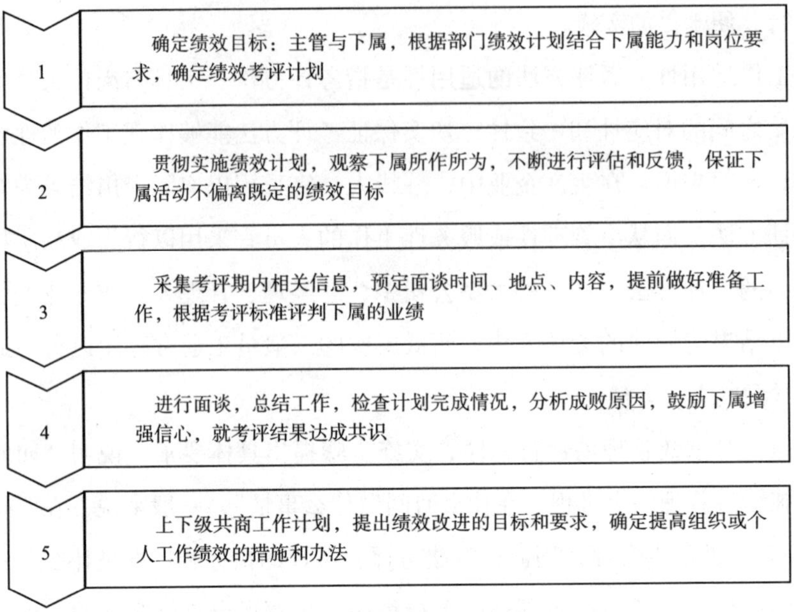

1	确定绩效目标：主管与下属，根据部门绩效计划结合下属能力和岗位要求，确定绩效考评计划
2	贯彻实施绩效计划，观察下属所作所为，不断进行评估和反馈，保证下属活动不偏离既定的绩效目标
3	采集考评期内相关信息，预定面谈时间、地点、内容，提前做好准备工作，根据考评标准评判下属的业绩
4	进行面谈，总结工作，检查计划完成情况，分析成败原因，鼓励下属增强信心，就考评结果达成共识
5	上下级共商工作计划，提出绩效改进的目标和要求，确定提高组织或个人工作绩效的措施和办法

图 2-3　绩效考评具体工作流程

在绩效管理的准备阶段，除应完成上述四个方面技术性和组织性工作的设计之外，还必须在思想上、组织上有充分的准备，做好宣传解释工作，使企业单位所有人员，无论是高中层管理人员还是一般员工，对企业绩效管理制度实施的重要性和必要性有深入、全面和正确的认识。事实上，一项管理制度或者一个管理系统，如果没有全体员工的支持和协助，将不可能贯彻到日常的生产经营活动中，其预定目标也绝不可能实现。

一项没有全员支持和参与的管理制度难以得到贯彻实施，一个没有全员理解和认同的管理系统难以有效运行。为了切实保证企业绩效管理制度和管理系统的有效性和可行性，必须采取"抓住两头，吃透中间"的策略，具体办法如下。

获得高层领导的全面支持。实践证明，没有企业高层领导的支持，企业绩效管理系统将寸步难行。高层领导必须对企业绩效管理的制度以及支持系统有充分的理性认识，他们愿意将这套系统推广到企业中，并为之投入足够的人力、物力和财力。绩效管理系统的设计者应当通过正式的渠道，采用简要概括的方式，向高层领导阐述本套系统的优势，以及实施中可能遇到的障碍和问题，以期获得企业领导层的支持和帮助。

赢得一般员工的理解和认同。企业的一般员工是绩效管理的基本对象。因此，绩效管理人员必须借用各种各样的方式方法，使员工对绩效管理的重要性和必要性，特别是对自己今后职业生涯的发展的积极作用，有所认识、有所理解，并在思想上、观念上达成共识，才能提高员工参与绩效管理的积极性和主观能动性。有些专家建议，为了提高员工的参与意识，应当吸收员工的代表，参与绩效管理制度和系统的规划与设计的全过程，使他们对绩效管理制度有更加全面深入的理解和认同。

促使中间各层管理人员全身心投入。企业中各个层次的管理人员是绩效管理活动的中坚力量，他们既是被考评者，同时也是考评者。中层管理人员的作用发挥得如何，直接关系到绩效管理活动的质量和效果。如果抓住了"企业领导层"和"一般员工"的"两头"，也就为推进绩效管理体系提供了良好的前提和坚实基础，但这只解决了一半问题。更重要的一半是"吃透"中间，不但使企业各层级的主管对绩效管理制度和运行体系的贯彻实施充满信心，还要使他们掌握绩效考评的技术技巧，全心全意地投入企业的绩效管理活动中。要"吃透"中间，就要加大绩效培训与开发的力度，端正中层主管的态度，提高他们的管理水平，使每个中层主管都成为积极合格的考评者。

2. 实施阶段

实施阶段是在完成企业绩效管理系统设计的基础上，组织全体员工贯彻绩效管理制度的过程。在这个过程中，无论是主管上级还是下级，他们作为绩效的考评者与被考评者，都必须严格地执行绩效管理制度的有关规定，严肃认真地完成各项工作任务。作为企业绩效管理的领导者和考评者，在贯彻实施阶段应当注意以下两个问题。

（1）通过提高员工的工作绩效增强核心竞争力。从宏观上看，企业强化绩效管理的目的是非常明确的，就是要不断地提升员工的整体素质以增强企业的核心竞争力。一个有效的绩效管理系统是通过以下几个环节提高

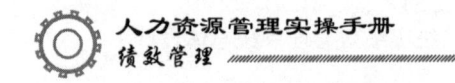

员工工作绩效从而保持和增强企业的竞争优势。

目标第一。在绩效考评期初,上级主管必须和考评者进行必要沟通,明确工作绩效的目标和要求,使员工正确地理解和接受,并能全身心地投入工作。

计划第二。主管应根据组织现有的资源和条件,听取员工的意见,分清轻重缓急,选择确定实现绩效目标的具体步骤、措施和方法。

监督第三。良好的绩效管理系统为各级主管提供了一个系统全面地了解下级工作的程序和方法,主管知道"员工应当在什么时间和地点,怎样去完成工作任务",主管可以通过多种监测手段,了解和掌握下属的行为、工作态度以及工作进度和工作质量,并激励下属达到考评标准乃至超越标准。对达不到考评标准的员工,通过绩效管理发现问题帮助他们改进工作,迎头赶上先进者。

指导第四。员工在执行计划过程中,可能会对上级的指令和工作安排产生疑问,在作业中会遇到很多困难和难题,当下属有困难的时候,上级主管一定要给予其必要的指导,可以与下属交换意见,解释有关决策、指令的含义,说明预定的步骤和方法;也可召集有关人员共同研讨;也可以对不切合实际的计划、目标和措施进行必要的调整,以促进员工工作绩效的提高。在员工按照预定目标努力工作的过程中,如果员工遇到困难,不仅应对下属的具体工作进行必要的指导,还应在精神上、物质上给予必要的支持和帮助,主动为下属排忧解难,增强他们的信心,鼓舞他们的斗志。

评估第五。主管应定期对工作目标完成情况进行评估总结,对员工的业绩作出评价,找出差距和问题,分析原因,并将信息反馈给员工,全力推进工作的开展。

(2)收集信息并注意资料的积累。在实施阶段,无论是各个业务、职能部门,还是每个绩效管理单元,在绩效管理系统运行过程中会产生大量的新信息,这些信息既涉及考评指标和标准体系,也涉及某些部门或个人,因此,需要各级主管定期或不定期地采集和存储这些相关信息,以便为下一个阶段的考评工作提供准确、翔实和可靠的数据资料。

有些企业为了保证绩效管理信息的有效性和可靠性，建立了原始记录的登记制度，该制度提出了以下具体要求。

①所采集的材料尽可能以文字的形式证明所有行为，应包括有利和不利的记录。

②所采集的材料，应说明是考评者直接观察到的第一手资料，还是间接地由他人观察的结果。

③详细记录事件发生的时间地点以及参与者。

④所采集的材料在描述员工的行为时，应尽可能对行为过程、行为环境和行为结果作出说明。

⑤在考评时，应以文字描述记录为依据。

3. 考评阶段

考评阶段是绩效管理的重心，它不仅关系到整体绩效管理系统运行的质量和效果，也将涉及员工的当前和长远利益，需要人力资源部门和所有参与考评的主管高度重视，并注意从以下几个方面做好考评的组织实施工作。

（1）考评的准确性。在绩效考评的工作阶段，如何保证并提高考评的精度是一个极为重要的问题。正确的绩效考评结果有利于科学地进行人事决策，能有效地激励员工、鼓舞士气；不准确的绩效评分，不但会造成决策上的失误，严重挫伤员工的积极性，还会引起员工大量流失，给企业正常的生产活动带来极为不利的影响。

通常人们将考评失误的责任归因于考评者，并认为考评的偏差由诸多原因造成，如考评标准缺乏客观性和准确性；考评者不能坚持原则，亲者宽，远者严；行政程序不合理、不完善；信息不对称，资料数据不准确等。

（2）考评的公正性。在确保绩效考评准确性的同时，还应当重视考评的公正公平性，带有偏见缺乏公正公平性的考评，可能使员工滋生不良情绪，不利于组织的管理，还会对以后的绩效管理活动产生严重的干扰和破坏。为了保证考评的公正公平性，企业人力资源部门应当确立两个保障系统，即：

①公司员工绩效评审系统。公司员工绩效评审系统是绩效管理系统的子系统。为了保障子系统的运行，可以由人力资源部门牵头，建立一个由高层领导和专家、专业人员组成的工作小组，定期开展活动（如每个月开展一次活动），承担起监督评审考评结果的工作任务。

②公司员工申诉系统。为了广开言路给被考评者提供一个发表意见的通道，企业应建立员工申诉的子系统，这一系统允许员工对绩效考评的结果提出异议，他们可以就自己关心的事件发表意见和看法；给考评者一定的约束和压力，使他们慎重行事，在考评中更加重视信息的采集和证据的获取；减少矛盾和冲突，防患于未然，将不利影响控制在最小范围内。

在人力资源部应建立一个工作小组，全面负责员工的申诉接待和调处。有些企业设立了劳动争议调解小组，本项工作职责也可由其承担。一般来说，在绩效考评的面谈中，考评者应当允许下属就考评结果发表意见，双方尽可能地达成共识，如果对某项结果争持不下，可以记录在考评回馈的表格中，保存在个人档案里作为以后的参考。如果员工仍不满意，可以通过申诉通道，要求更高一层的领导者处理员工的申诉。有时也可以针对没有解决的问题，召开由员工代表和主管经理共同参加的专门会议，倾听员工的申诉，寻求解决对策。

（3）考评结果的反馈方式。绩效反馈主要的目的是改进和提高绩效，被考评者应当知道自己在过去的工作中取得了何种进步，在哪些方面还存在不足，有待在今后的工作中加以改进提高。人们常说，知人者智，自知者明。但大多数人往往不自知，对自己的劣势或不足看得过轻，或者根本看不清。显然，"好大喜功"是人之常情，管理者在面谈时应当是以表扬为主，但是必要的批评指正也十分重要。一般来说，过于严厉的指责和批评，特别是在大庭广众之下，对下属的影响很大，选择确定有理有利有节的面谈策略，采用灵活多变的因人而异的信息回馈方式，对每个考评者来说都是一门学问和艺术。一名成功的主管应当学会并掌握绩效面谈反馈的技术和技巧。

绩效面谈是总结绩效管理工作的重要手段，每个考评者都应当学会并有效地运用这一工具。在将考评结果反馈给下属的过程中，考评者应循循善诱使员工明白其工作中的优缺点，鼓励自己发现和分析问题，实现"自己解放自己"，即使有些问题难以达成共识，也应当允许员工保留自己的意见。绩效面谈为主管与下属讨论工作业绩，挖掘其潜能，拓展新的发展空间，提供了良好的机会。同时，上下级之间进行面谈，能够更全面地了解员工的态度和感受，从而加深双方的沟通和了解。面谈是整个绩效管理中非常重要的一环，应当给予充分的重视。

4. 总结阶段

总结阶段是一个重要阶段。在这个阶段，各个管理的单元需要完成绩效考评的总结工作，各个部门应当根据各自的职责范围和要求，对绩效管理的各项活动进行深入全面的总结，完成绩效考评的总结工作，同时做好下一个循环期的绩效管理准备工作。

绩效管理的最终目的是促进企业与员工的共同提高和发展，因此，每一轮绩效管理活动结束之前，上下级之间要对本期绩效管理活动作一次全面的回顾，总结经验，发扬成绩，纠正错误，以利再战。

从企业的全局来看，负责绩效管理的总经理或人力资源部，应当将各个部门的考评结果反馈给各个业务和职能部门的负责人，使他们对本次考评结果有更加全面深入的了解和认识。例如，本单位有何长处和优势；与先进的单位相比，本单位还存在哪些明显的差距；下一步的主攻方向是什么。而从个体层面来看，每个绩效管理的单元，考评者和被考评者之间也必须进行一次绩效考评的面谈，既要对过去的活动进行必要的回顾和总结，看到自己的长处，也要冷静客观地进行分析，找出工作中存在的问题，查明问题产生的原因，提出今后的绩效改进计划，突出工作重点，明确努力的方向。

在绩效管理的总结阶段进行绩效诊断主要涉及对企业绩效管理制度的诊断、对企业绩效管理体系的诊断、对绩效考评指标和标准体系的诊断、对考评者全面全过程的诊断、对被考评者全面全过程的诊断以及对企业组织的诊断等。通过绩效诊断分析发现的问题，应及时反馈到有关的主管和员工，这样做既有利于保证企业总体系统的有效运行，也有利于提高员工的素质和工作质量。

在绩效管理的总结阶段，各个单位主管应当认真履行的管理职责如图2-4所示。

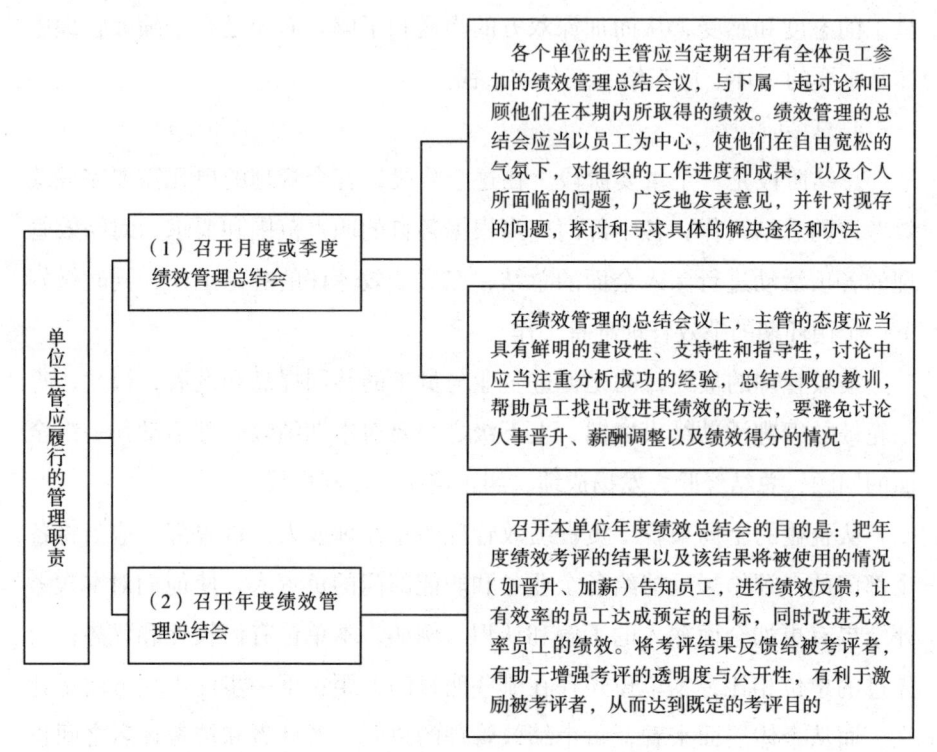

```
单位主管应履行的管理职责
├─ （1）召开月度或季度绩效管理总结会
│   ├─ 各个单位的主管应当定期召开有全体员工参加的绩效管理总结会议，与下属一起讨论和回顾他们在本期内所取得的绩效。绩效管理的总结会应当以员工为中心，使他们在自由宽松的气氛下，对组织的工作进度和成果，以及个人所面临的问题，广泛地发表意见，并针对现存的问题，探讨和寻求具体的解决途径和办法
│   └─ 在绩效管理的总结会议上，主管的态度应当具有鲜明的建设性、支持性和指导性，讨论中应当注重分析成功的经验，总结失败的教训，帮助员工找出改进其绩效的方法，要避免讨论人事晋升、薪酬调整以及绩效得分的情况
└─ （2）召开年度绩效管理总结会
    └─ 召开本单位年度绩效总结会的目的是：把年度绩效考评的结果以及该结果将被使用的情况（如晋升、加薪）告知员工，进行绩效反馈，让有效率的员工达成预定的目标，同时改进无效率员工的绩效。将考评结果反馈给被考评者，有助于增强考评的透明度与公开性，有利于激励被考评者，从而达到既定的考评目的
```

图2-4　单位主管应履行的管理职责

5. 应用开发阶段

应用开发阶段是绩效管理流程的终点，又是一个新的绩效管理工作循环的始点。

在这个阶段，应从如图2-5所示几个方面入手，进一步推动企业绩效管理活动的顺利开展。

第二章 为企业"量身定做"绩效管理系统(绩效管理系统总体设计)

```
                          ┌─(1)重视考评者绩效管理能力的开发─┐
                          │                                │
应用开发阶段的 ────────────┤─(2)被考评者的绩效开发           │
具体内容                  │                                │
                          │─(3)绩效管理的系统开发           │
                          │                                │
                          └─(4)企业组织的绩效开发           ┘
```

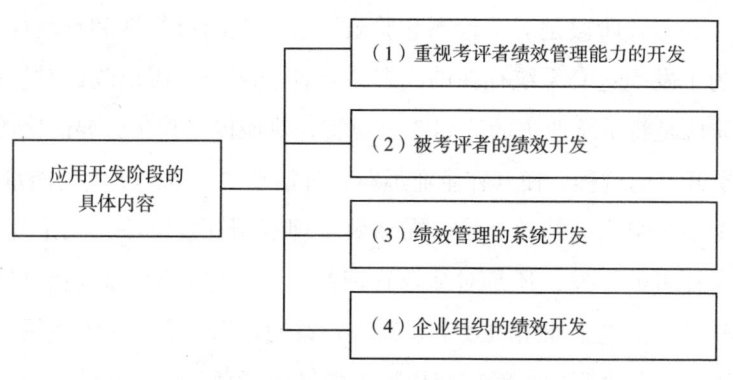

图 2-5 应用开发阶段的具体内容

(1)重视考评者绩效管理能力的开发。在绩效管理的全过程中,考评者扮演着极为重要的"导演"角色,在一定的条件下,绩效管理的成效与结果如何,关键看各级考评者"导演"得如何,如果每个考评者都能理解绩效管理的"真谛",熟练地掌握考评的技术、技巧和要领,认真地贯彻执行管理制度和运行程序的规则和要求,即使在考评中会遇到各种各样的困难和问题,也能较为圆满地解决。因此,人力资源部门应定期地组织专题培训或研讨会议,组织考评者围绕绩效管理中遇到的各种问题进行培训和讨论,寻求解决问题的办法和对策。采取有效的措施和方法,不断增强各级主管绩效管理的意识和管理技能,这对促进企业和员工绩效的提高具有十分重要的意义。

(2)被考评者的绩效开发。如果说考评者是绩效管理的"导演"的话,那么被考评者则是绩效管理表演舞台上的"主角",考评者运用绩效管理的工具对下属的工作活动和所取得的绩效进行考评,其目的就在于激励员工不断增长自己的才干,在促进企业生产经营增长和发展的同时,使员工获得同步提高和发展。

(3)绩效管理的系统开发。企业绩效管理体系是保证考评者和被考评者正常活动的前提和条件。一个绩效管理系统需要经过多次实践验证、多次修改和反复调整,才能成为一个具有可靠性、准确性和实用性的系统。绩效管理的各个阶段,准备阶段是要为这套系统的运行提供各种前期的保全；实施和考评阶段是为了检测和验证这套系统的可行性和有效性；总结阶段是为了发现这套系统存在的问题，以便查明原因提出改进对策；而应用开发阶段是将系统改进的计划变为现实，对该体系作出必要的修改调整，进行深层开发的过程，使其在企业经营管理活动中释放出更大的能量。

（4）企业组织的绩效开发。在绩效管理应用开发阶段，无论是对考评者、被考评者的开发，还是对绩效管理系统的深层开发，其最终目的是一致的，就是要推进企业组织效率和经济效益的全面提高和全面发展。因此，在这个阶段，各个部门主管应当根据本期绩效考评的结果和绩效改进计划，从本部门全局出发，针对现存的各种问题，分清主次，按照重要程度逐一解决。绩效管理中发现的各种问题，究其原因，有的源于本部门的员工，有的属于本部门内部的管理者，有的可能来自上级或同级相关部门。为了推动组织的进步，部门主管首先应当从我做起，认真地转变观念，优化组织环境，改善各种不合理的规章制度，简化作业程序，提高工作的计划性和指导性，同时，针对员工存在的共性问题组织必要的培训和专题研讨，使员工找到克服目前困难和解决问题的途径和办法。对上级和同级部门存在的问题，应当提请上一级领导协助解决，有些问题可能会很快得到解决，但有些问题在短时间内则无法解决，对这种"议而不决"短期内难以解决的问题，部门主管应灵活应对，尽可能地平和下属的埋怨情绪，采取机动灵活的策略，保证本部门的工作沿着正常的轨道前进。

案例2-1　怎样建立企业与员工双赢的绩效管理体系？

张某是一家私企的HR，老板希望建立绩效考核体系，同时不想让岗位分工很明确，目前的绩效考核针对的只是一些共性的不可量化的指标，员工不满意。请问，张某要怎么做，才能让公司的绩效考核更加贴近员工意愿呢？

【解析】绩效管理体系是整个人力资源管理系统的中枢和关键。通过绩效管理体系将职位体系、能力体系、薪酬体系、培训体系融为一体，相互促进，从而激发员工活力，提高个人和团队绩效，创造高绩效的业绩产出。然而，绩效管理是一把"双刃剑"，用好了它，企业和员工可以共同受益、共同成长，用不好，就成了"烫手的山芋"，人人避而远之。设定量化合理的绩效指标，科学合理地识别员工，调动员工的积极性，最终达到企业和员工的双赢：

（1）基于业务目标计划及年度目标重点确定绩效指标及指标值，自上而下层层分解。

（2）基于职位的绩效管理。从职位说明书入手，从职位的要求分析工作结果的绩效指标；从工作流程分析各节点的绩效指标。

（3）在指标设计时，把共性指标一起纳入绩效考核，同时将突发性事件纳入绩效考核，将上级的满意度作为绩效指标。

（4）将绩效评价应用于员工的薪酬调整、晋升发展中，不仅帮助管理人员进行人力资源管理决策，还对员工本人在绩效改进、职业生涯发展方面提供依据。

（5）抓绩效辅导，让员工不断提升能力来提高绩效。

（6）人事结合，有主有次。

第三节　战略性绩效管理系统模型的构建

20世纪80年代以来，随着战略管理和绩效管理理论的不断发展，战略性绩效管理系统逐渐被人们所关注。具体而言，战略性绩效管理是以一个系统的概念，将战略管理与绩效考评、组织绩效与个人绩效以及绩效管理中的各个环节有效地整合在一起，以促进各个构件共同发挥出整体的协同效应，如图2-6所示。该系统是由战略目标子系统和绩效管理子系统构成，二者通过战略性绩效管理工具被有效地联结在一起。此外，战略性绩效管理系统还受到企业组织文化和组织架构等方面的影响，绩效导向的组织文化和健全的组织架构对战略性绩效管理效用的有效发挥都具有积极的促进作用。

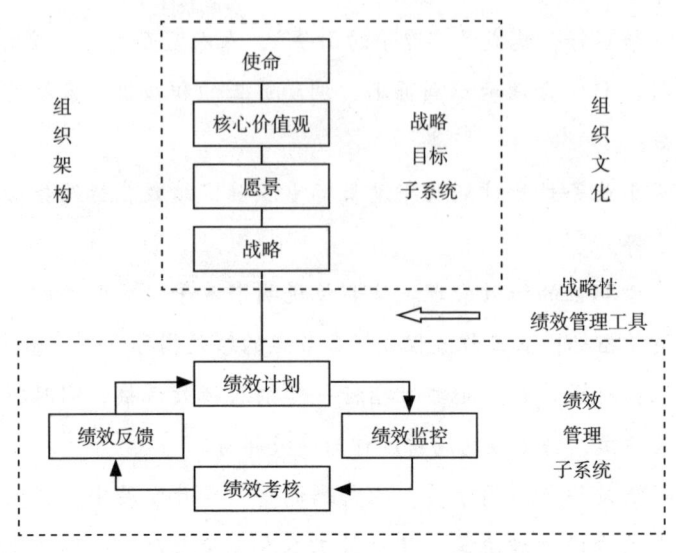

图 2-6　战略性绩效管理系统模式

一、组织架构

战略性绩效管理作为整个管理系统的一部分，若要使其有序运行，就必须具备与之相适应的组织架构。而清晰的结构和流程、明确的职位界定，无论是对战略性绩效管理体系的设计还是运行，都具有非常积极的作用。只有具有清晰合理的组织架构，组织才能根据组织战略目标，逐级分解和建立相应的绩效考评体系，确保绩效考评的科学性和公平性。

二、组织文化

组织文化对员工的行为具有引导和牵引作用，对保障战略性绩效管理的实施和运行也具有积极的意义。如果组织没有健康的文化氛围，员工就难以理解战略性绩效管理的内涵，更不会积极地参与执行战略性绩效管理。为了确保战略性绩效管理切实能够在组织内部落地生根、发挥作用，组织必须打造通过以绩效为导向的组织文化，利用绩效文化的激励约束作用，使整个组织认识到战略性绩效管理既是帮助组织实现高水平绩效、提供高质量绩效的有效工具，又是为员工提供公平、健康的工作环境和发展机会的合理方式，从而认同并接受战略性绩效管理。

三、战略目标子系统

战略目标子系统是指与战略相关的一系列要素的集合，具体包括组织的使命、核心价值观、愿景以及战略，各要素之间相互关联、层层支撑，共同界定了组织的价值定位和发展方向，为组织的各项工作起到了清晰的导向作用。战略目标子系统对于战略性绩效管理的意义重大，因为它明确了组织的发展目标和工作重点，而这正是绩效管理内容的来源，是绩效考评的关键所在，战略性绩效管理设计的最终目的，就是确保组织战略目标能够有效实现。

四、绩效管理子系统

为了使战略目标能够有效地达成，组织必须采取有效的行为将战略具体落实，而在战略性绩效管理系统模型中，绩效管理子系统正是作为战略目标子系统的支持系统而存在的。组织的战略目标在绩效管理子系统中体现为一系列的指标和标准，绩效管理子系统通过系统内各个环节的综合运作过程将这些指标和标准在组织内部进行交流和沟通，成为每个部门和员工都能够理解和接受的语言，并通过事前和事后的各种管理控制手段对员工的行为起到有效引导作用，以促进绩效目标的实现和组织战略的达成，如图 2-6 所示，一个完整的绩效管理过程是由绩效计划、绩效监控、绩效考核和绩效反馈几个环节共同构成，各个环节通过有序的循环使战略性绩效管理功能得以实现。

五、战略性绩效管理工具

为了将战略目标子系统和绩效管理子系统有效地联结起来，还需要借助战略性绩效管理工具的支持。所谓战略性绩效管理工具，是指通过对组织战略的层层分解，将战略目标逐步转化为组织各级的绩效指标体系的工具或方法。从目前来看，应用得比较广泛的战略性绩效管理工具主要有目标管理、关键绩效指标和平衡计分卡等。

> **温馨提示**

战略绩效管理的目的

战略绩效管理的目的包括战略目的、管理目的和开发目的三个，只有三个目的同时达到，才能确保组织绩效管理活动的科学性、有效性和合理性。

1. 战略目的

绩效管理与组织的战略密切相关。组织战略的实现离不开绩效管理系统，而绩效管理系统也必须与组织的战略目标密切联系，这样才具有实际意义。战略绩效管理系统能够将员工具体的工作活动与组织的战略目标联系起来，通过采用先进的管理工具，如关键绩效指标、平衡计分卡等，把组织、部门和个人的绩效紧密地联系在一起，在员工个人绩效提高的同时，促进组织整体绩效的提升，从而确保组织战略目标的实现。因此，在运用战略绩效管理系统实现战略目标时，应首先明晰组织的战略，通过战略目标的承接与分解，将组织的战略目标逐层落实到部门和员工个人，并在此基础上确定相应的绩效评价指标体系，设计相应的绩效评价和反馈系统。管理者可以通过绩效评价指标体系来引导员工的行为，帮助员工正确认识自己的优势与不足，使员工的努力与组织的战略保持高度一致，促使组织战略的顺利实现。

2. 管理目的

绩效管理的管理目的主要是指通过评价员工的绩效表现并给予相应的奖惩，激励和引导员工不断提高自身的工作绩效，从而最大限度地实现组织目标。组织的各项管理决策都离不开及时、准确的绩效信息，绩效评价结果是组织作出培训、调薪、晋升、保留、解雇等人力资源管理决策的重要依据。虽然这些决策都十分重要，但是不少作为绩效信息来源的管理者却将绩效评价过程视为一个为了履行自己的工作职责而不得不做的、令人生厌的工作环节。在他们看来，对员工进行评价，然后将评价结果反馈给员工，这是一件难办的事情。他们往往倾向于给所有员工都打高分或者至

第二章 为企业"量身定做"绩效管理系统（绩效管理系统总体设计）

少给予他们相同的评价，以至于绩效评价信息失去实际意义。因此，要真正实现战略绩效管理的管理目的并不是一件容易的事情。这就要求管理者通过绩效计划为战略目标的分解和实施确定具体可行的行动方案；通过对战略目标的实施过程进行有效的监督和控制，确保组织资源的合理利用和配置。更为重要的是，通过设计科学、规范的绩效评价系统保障绩效评价结果的公平性和有效性，从而不断地提高员工的工作绩效和组织的管理水平，确保绩效管理目标的达成。

3. 开发目的

绩效管理的开发目的主要是指管理者通过绩效管理过程来发现员工存在的不足，以便对其进行针对性培训，使其能够更加有效地完成工作。在现实中，为了达到绩效管理的开发目的，当员工没有达成预期的绩效目标时，管理者就需要与员工面对面地讨论他们的绩效差距。通过绩效反馈环节，管理者不仅要指出下属绩效不佳的方面，还需要帮助他们找出原因，如技能缺陷、动力不足或某些外在的障碍等，继而针对问题采取措施，制订相应的绩效改进计划。只有这样才能更有效地帮助员工提高他们的知识、技能和素质，促进员工个人的发展和达到组织绩效管理的开发目的。

从以上内容可以看出，一个有效的战略绩效管理系统应该将员工的工作活动与组织的战略目标联系在一起，并为组织对员工所作出的管理决策提供有效信息，同时向员工提供及时、准确的绩效反馈，从而达到绩效管理的战略目的、管理目的和开发目的。因此，组织要想通过绩效管理获得人力资源竞争优势，就必须利用战略绩效管理系统达到上述目的。

第三章
绩效管理的"秘密武器"
（绩效管理常用工具）

第一节　目标管理

一、什么是目标管理法

目标管理法（management by objectives, MBO）是一种综合性的绩效管理方法，由美国著名管理学大师彼得·德鲁克于1954年提出。它是指由下级与上司共同决定具体的绩效目标，并且定期检查目标完成进展情况的一种管理方式。由此而产生的奖励或处罚则根据目标的完成情况来确定，属结果导向型考核方法。目标管理法强调领导者与下属之间的双向互动过程。彼得·德鲁克认为，只有明确了目标才能确定具体工作。目标是先于工作而产生的。组织最高层在确定了组织目标后，必须对其进行有效、合理的分解，将其转变为各部门以及每位员工的分目标，管理者则根据分目标的完成情况对下级进行考核、评价、奖惩。

二、目标管理法的基本程序

目标管理包括两方面内容：第一，必须与每一位员工共同制定一套便于衡量的工作目标；第二，定期与员工讨论他的目标完成情况。具体来说，主要包括四个步骤，如图3-1所示。

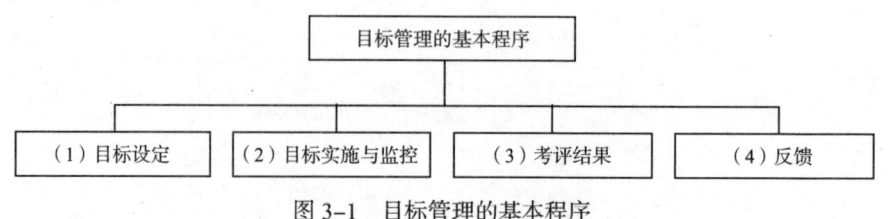

图3-1　目标管理的基本程序

（1）目标设定，就是建立一套完整的目标体系。这一过程是通过目标分解来实现的，通常是评估者与被评估者共同制定目标。目标的设置和分解要按照"组织目标—团队目标—个人目标"三个基本层次，逐层逐级分解，上下贯通联动，统筹兼顾考虑，综合平衡确定。在这一步骤上需要重点关注员工如何为部门目标的实现做出贡献。通过计划过程明确了期望达到的结果，以及为达到这一结果所采取的方式、方法及所需的资源。同时，还要明确时间框架，即当他们为这一目标努力时，了解自己目前在做什么、已经做了什么和下一步还要做什么，以合理安排时间。

（2）目标实施与监控，就是对目标计划的落实和跟踪监测。在实施过程中要注意把握两点：一是高层领导的管理要多体现在指导、协助、提出问题、提供信息情报以及创造良好工作环境方面；二是高层领导要充分授权，放手让执行者依靠自我控制完成目标任务。要适时适地与目标执行者交换意见，必要的话可以适当修改、调整目标。

（3）考评结果，是将实际达成的目标与预先设定的目标相比较。这是目标管理极为关键的一步，这样做的目的是使评估者能够找出未能达成目标，或实际达成的结果远远超出了预先设定的目标的原因，有助于管理者做出合理的决策。其大致做法是：首先，由部门个人进行自我评定，总结自己在目标执行期间获得的主要成果和存在的主要问题；其次，由部门主管在个人评定的基础上，根据自己掌握的情况予以修订考核；最后，将部门绩效考核文件呈送组织高层进行汇总评估，完成组织总目标绩效考核评估报告。

（4）反馈，就是管理者与员工一起回顾整个周期，对预期目标的达成和进度进行讨论，对每个员工的目标实现程度和进度以及今后改进方向等提出指导意见，为思考制定新的目标以及为达成新的目标而可能采取的新的战略做好准备，并进一步制定下一工作周期的目标，进入下一个目标管理周期循环。

三、以目标管理为导向的绩效管理

目标管理法是结果取向的绩效评估方法，其基本思想是一个组织必须建立战略目标，以作为组织的方向。为达成组织的战略目标，组织中的管理者必须设定基本单位的个别目标,而各项个别目标应与组织目标协调一致,从而促成组织的团队建设,并得以发挥整体的组织绩效。

1. 导入目标管理法的必备条件

要想取得目标管理的成功,必须满足下列先决条件,这些先决条件满足得越多,目标管理就越成功。

(1)最有效的管理作风。在成功的目标管理中,普遍采用的管理作风是参与式的管理作风。从本质上讲,参与式管理是一种分散权力、以小组形式管理的方法。参与式管理要求管理人员和他的上级对下属所要达成的具体目标、所享受的权限以及可以支配的资源取得一致意见,然后让下属进行自我管理。上级的控制要最少,但必须有效。

(2)组织层次分明。要想取得好的管理效果,先决条件是所有管理人员为已确定的目标负起绝对责任,这就需要明确指定哪一个管理人员负责哪一些目标,而且每一个管理人员负责的目标必须与授予的权限相一致。任何在职责和权限之间出现的差距,往往都会使目标无法达成,而且会使管理人员受到很大的挫折。为每个组织人员制定目标,有助于发现组织上的弱点——是否重复授予权限,或授予的权限与职责是否一致,这些弱点的纠正工作必须由最高管理部门进行。在组织混乱的情况下,使用目标管理法是很困难的行为。

(3)管理工作的反馈。工作的反馈是绝对必要的:第一,管理人员越以实现目标为方向,越需要得到对他工作的反馈。他自始至终要了解他的工作做得好不好,他不愿意在采取行动之后,对行动的结果一无所知。第二,管理人员越以实现目标为方向,越不能忍受日常文书工作、不必要的日常事务和原始数据。他需要最小量的、经过组织的、有质量的、着重采取行动的数据,让他可以据此决策并采取行动。

2. 目标管理法的推进步骤

目标管理法的具体推进,可以分为如图3-2所示四个步骤。

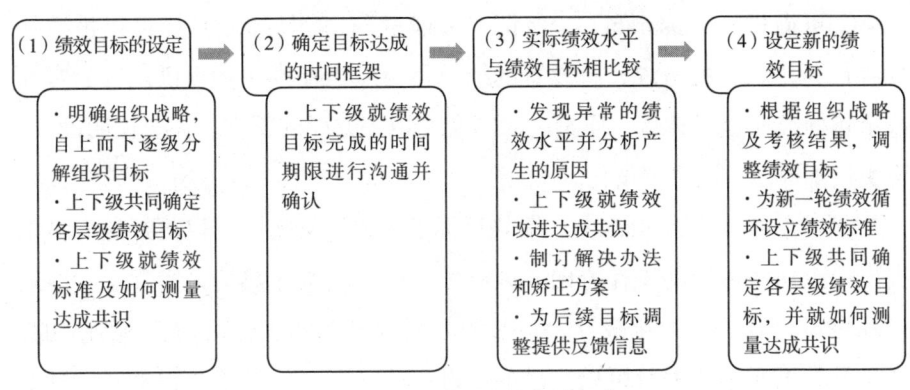

第三章 绩效管理的"秘密武器"(绩效管理常用工具)

```
(1)绩效目标的设定 → (2)确定目标达成的时间框架 → (3)实际绩效水平与绩效目标相比较 → (4)设定新的绩效目标

(1)
·明确组织战略,自上而下逐级分解组织目标
·上下级共同确定各层级绩效目标
·上下级就绩效标准及如何测量达成共识

(2)
·上下级就绩效目标完成的时间期限进行沟通并确认

(3)
·发现异常的绩效水平并分析产生的原因
·上下级就绩效改进达成共识
·制订解决办法和矫正方案
·为后续目标调整提供反馈信息

(4)
·根据组织战略及考核结果,调整绩效目标
·为新一轮绩效循环设立绩效标准
·上下级共同确定各层级绩效目标,并就如何测量达成共识
```

图 3-2 目标管理法的实施程序

(1)绩效目标的设定。根据彼得·德鲁克的观点,管理组织应遵循的一个原则是:每一项工作都必须为达成总目标而展开。因此,衡量一个员工是否称职,就要看他对总目标的贡献如何。反过来说,称职的员工应该明确地知道他期待达成的目标是什么。否则,就会指错方向,浪费资源,使组织遭受损失。在目标管理中,绩效目标的设定开始于组织的最高层,由他们提出组织使命声明和战略目标,然后通过部门层次向下传递至各个员工。在大多数情况下,个人目标是由员工及其上级主管在双方协商一致下制定的,而且在目标设定的同时,他们需要就特定的绩效标准以及如何衡量目标的完成达成共识。

一旦确定以目标管理为基础进行绩效考核,就必须为每个员工设立绩效目标。各级绩效目标能否清晰合理地设置,直接决定了绩效考核的有效性。设定绩效目标通常是员工及其上级部门之间努力合作的结果。绩效目标的设定必须遵循 SMART 原则。

①明确具体(specific)。明确具体是指绩效目标应该尽可能地明细化、具体化。每一名员工的情况各不相同,绩效目标应该明确、具体地体现出管理者对每一位员工的绩效要求。只有将这种要求表达得尽可能地明确具体,才能够更好地激发员工实现这一目标的愿望和努力,并能够引导员工全面实现管理者对他的绩效期望。

②可衡量（measurable）。所谓"可衡量"，就是绩效目标可以被数量化或行为化。也就是说，所设置的绩效目标应当提供一种可供比较的定性或定量标准，包括数量、质量、时间及费用等方面的要求。需要说明的是，可衡量不等于一定要定量化。

③切实可行（attainable）。绩效目标设置要符合实际，以更好地向员工提出一个切实可行的工作方向，以激发和鼓励其工作热情。实际上，绩效目标也可具有一定的挑战性，但必须是根据员工的工作潜力合理制定的，并且是员工通过努力就可以达成的。过高的目标会使员工灰心丧气，过低的目标则无法使员工发挥应有的水平，也有碍于员工潜质的发掘和能力的提高。所谓切实可行，就是在两者之间寻找平衡点，找到一个员工通过努力就能够达到的可行的绩效水平。

④相关性（relevant）。绩效目标的来源与组织战略、部门业务重点、流程需求以及岗位职责密切相关，其结果也是为了支撑和确保岗位、流程、部门及组织整体目标的实现。此外，相关性还意味着，组织各层级目标的设置要注意在整体上的相互配套，形成一个有机统一的目标体系。

⑤时限性（time-bound）。目标管理是以特定时段内员工的工作行为和绩效状态为调控对象的，因为目标从来都是有时限的，没有时间限制或时效性不明确的绩效目标是毫无实际意义的。当然，时间限制也有一个程度的问题，应该根据管理者的要求和员工的工作能力及具体环境情况加以确定。

（2）确定目标达成的时间框架。确定目标达成的时间框架，这样员工可以合理安排时间，了解自己在做什么、已经做了什么和下一步将要做什么。目标管理强调"自我控制""自我突破"，但绝不是要放弃管理控制，只不过是用双向沟通代替了专制管理，通过确定绩效目标达成时间的有效约束，更有效地保证组织目标的实现。

（3）实际绩效水平与绩效目标相比较。通过实际绩效水平与绩效目标相比较，考核者能够找出未能达成既定绩效目标的原因，或者实际达到的绩效水平远远超出预先设定的绩效目标的原因。这样不仅有助于确定培训的需求，还有助于确定下一绩效考核周期的各级绩效指标。同时，也能提醒上级考核者注意组织环境对下属工作表现可能产生的影响，而这些客观环境是被考核者本人无法控制的。如果目标确立是具体的、可验证的，那么考核过程就简单。管理者与员工讨论他们是否完成了目标，并研究为什么能完成或不能完成。组织将这些检查考核工作的情况记录下来并作为正式的绩效考核。

（4）设定新的绩效目标。根据员工绩效目标完成情况，已成功实现其绩效目标的被考核者直接进行下一考核周期新的绩效目标的设置；而没有达成既定绩效目标的被考核者，应在与其直接上级进行沟通、判明困难的出现是否属偶然现象、找出妨碍目标达成的原因并制定相应的解决办法和行动矫正方案后，才可以进行新一轮考核周期绩效目标的设置。

四、目标管理法的优缺点

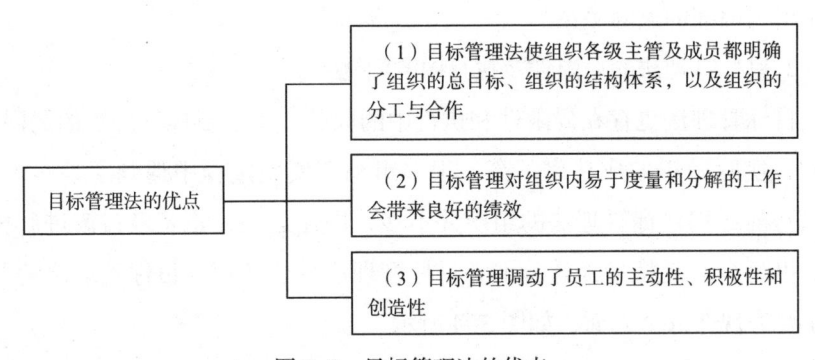

1. 目标管理法的优点

目标管理法的优点如图3-3所示。

目标管理法的优点：
- （1）目标管理法使组织各级主管及成员都明确了组织的总目标、组织的结构体系，以及组织的分工与合作
- （2）目标管理对组织内易于度量和分解的工作会带来良好的绩效
- （3）目标管理调动了员工的主动性、积极性和创造性

图3-3　目标管理法的优点

（1）目标管理法使组织各级主管及成员都明确了组织的总目标、组织的结构体系，以及组织的分工与合作。这些方面职责明确，使得主管人员知道，为了完成目标必须给予下级相应的权力，而不是大权独揽，小权也不分散。另外，许多着手实施目标管理方式的公司或其他组织，通常在目标管理实施过程中会发现组织体系存在的缺陷，从而帮助组织对自己的组织架构进行调整。一旦各级部门及员工了解他们需要完成的目标是什么，

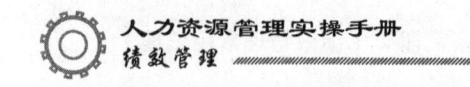

就可以把时间和精力最大限度地投入实现这些目标的行为中去。

（2）目标管理对组织内易于度量和分解的工作会带来良好的绩效。对于那些在技术上具有可分性的工作，由于责任、任务明确，目标管理法常常会取得到立竿见影的效果。

（3）目标管理调动了员工的主动性、积极性和创造性。由于强调自我控制、自我调节，将个人利益和组织利益紧密联系起来，提高了士气。目标管理实际上也是一种自我管理的方式，或者说是一种引导组织成员自我管理的方式。在实施目标管理的过程中，组织成员不再只是做工作、执行指示、等待指导和决策，而是参与目标的制定。组织成员在努力工作实现目标的过程中，除目标既定以外，如何实现目标则由他们自己决定。

同时，目标管理方式本身也是一种控制方式，即通过实现分解后的目标最终保证组织总目标实现的过程就是一种结果控制的方式。

此外，目标管理还促进了雇员及主管之间的意见交流和相互了解，改善了组织内部的人际关系。

2.目标管理法的局限性及执行中的问题

目标管理法也存在局限性和执行中的问题。由于目标管理法的局限性，因此，实际操作的成功率不高，很多组织在实施过程中遇到了很多困难，所以目前运用目标管理法的组织并不多，即使运用，也是经过改进后再使用。更流行的是将平衡计分卡和目标管理法结合使用。目标管理法的局限性主要表现在五个方面，如图3-4所示。

目标管理法的局限性及执行中的问题
- （1）由于各种原因，容易出现目标不明确的情况
- （2）目标管理过程中存在缺乏沟通的现象
- （3）目标的短期性
- （4）片面关注财务指标，缺乏对非财务方面目标的关注
- （5）目标管理法会占用管理者大量时间

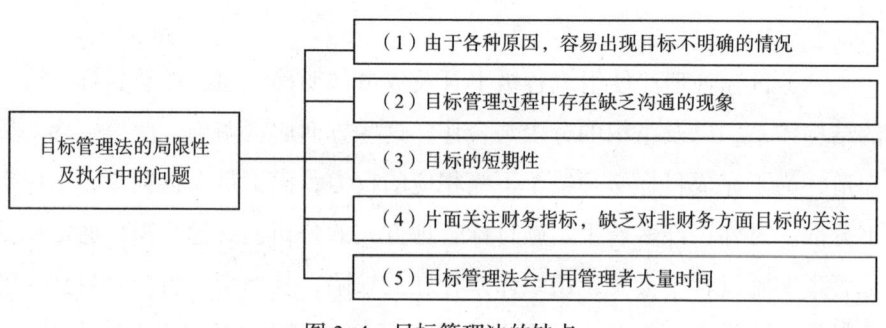

图3-4 目标管理法的缺点

（1）由于各种原因，容易出现目标不明确的情况。目标管理中，关键是制定明确的目标，这个明确的目标不是一个遥不可及的梦想，而是现实可以做到的。制定目标时要遵守 SMART 原则，而且目标要细分到每个职能单位、每个人。现实中的情况是很多组织实行了目标管理，而组织成员却对目标缺乏清晰的认识，仅仅停留在口号阶段，也没有明确的努力方向。

（2）目标管理过程中往往会出现组织内部缺乏沟通的现象。沟通是有效执行目标管理的前提，但现实中这个环节往往被部分管理者所忽视，尤其是对下属的沟通。

（3）目标的短期性。现在考核的周期一般都很短，大多数实行目标管理的组织中，所确定的目标都是短期的。强调短期效应容易导致管理者和员工为了达成目标而损害组织长期利益。

（4）片面关注财务指标，缺乏对非财务方面目标的关注。现代企业的发展不仅应关注财务上的增长，还应关注非财务方面的发展，如社会贡献度、员工满意度、客户满意度等，而目标管理缺乏对这些方面的强调。

（5）目标管理法会占用管理者大量时间。订立目标、衡量员工在目标实现方面的进展状况、向员工提供反馈等工作会导致评价者每年必须在每一名员工身上至少花费几个小时的时间，而这占用了管理者较多的时间和精力。

案例 3-1 该分行绩效目标的分解过程是否有问题？

某商业银行在某城市的分行运用组织、流程和任务三个层面的目标分解方法，根据该分行的年度战略，将一项目标定位为让理财客户增加 20 000 户。

把这个目标作为企业目标后，该分行的管理层经过探讨，将流程目标定义为：理财客户每季度增加 5 550 户。将任务目标定义为：加强宣传渠道，提升客户邀约率。

该分行绩效目标的分解过程是否有问题？

【解析】这种绩效目标的分解过程显然是有问题的。

（1）这里的流程只是对组织目标的简单分解，不是承接组织目标，而是简单地向外延伸。或者说，这里分解出来的流程目标其实就是组织目标。

（2）任务目标过于笼统，没有具体的数据，没有体现必要的动作和行动支持，员工不知道应该从何处作出努力。

【答疑解惑】

问1：目标管理可以一次到位吗？

【解答】绩效考核工作是经常性的管理活动，必须定期进行，形成制度。无论是哪个部门和岗位，无论考评的周期有多长，都必须遵循目标管理定期化、制度化原则，加强平时考核的力度，关注绩效水平的持续提升。

问2：目标管理看起来简单，但要把它付诸实施的过程中，管理者要如何理解它？

【解答】要理解目标管理，管理者应重点关注以下几个方面：

（1）管理者必须知道什么是目标管理，以及明白为什么要实行目标管理。如果管理者自身不能很好地理解和掌握目标管理的原理，那么由其来组织实施目标管理也是一件不可能的事情。

（2）管理者必须知道组织的总目标是什么，明白自己的活动要怎样才能适应这些目标。如果组织的一些目标含混不清、不现实、不协调、不一致，那么主管人员想同这些目标协调一致，实际上也是不可能的。

（3）目标管理所设置的目标必须是正确的、合理的。所谓"正确的"，是指目标的设定应符合组织的长远利益，和组织的目的相一致，而不能是短期的；"合理的"，是指设置目标的数量和标准应当是科学的，因为过于强调工作成果会给人的行为带来压力。

第二节 标杆管理

一、什么是标杆管理

1. 标杆管理的含义

标杆管理法（benchmarking management），又称标杆法、水平对比法、基准考核法、标杆超越法等。benchmark 一词原意是测量学中的"水准基点",在此引申为在某一方面的"行事最佳者"或"同业之最"。简单说来,benchmark 就是标杆、基准的意思,也就是企业所要学习和超越的榜样。而 benchmarking 就是在组织中不断学习、变革与应用这种最佳标杆的过程。

因此,标杆管理实际就是指,以行业内最佳业绩创造者、最强竞争对手为努力目标,将之与自己现实状况进行比较分析,找出差距及原因,通过学习、改进和创新赶上乃至超越的过程。基于标杆管理的绩效管理,就是将监控活动的关键业绩行为与标杆进行分析比较,找出差距或瓶颈因素,采取具体绩效改进行动,而后在动态的信息反馈过程中不断调整,从而实现循序渐进地超越标杆的最终目标。

2. 标杆管理的作用

标杆管理有很多优越性,它为企业提供了优秀的管理方法和管理工具,具有较强的可操作性,能够帮助企业形成一种持续追求改进的文化。标杆管理的作用如图 3-5 所示。

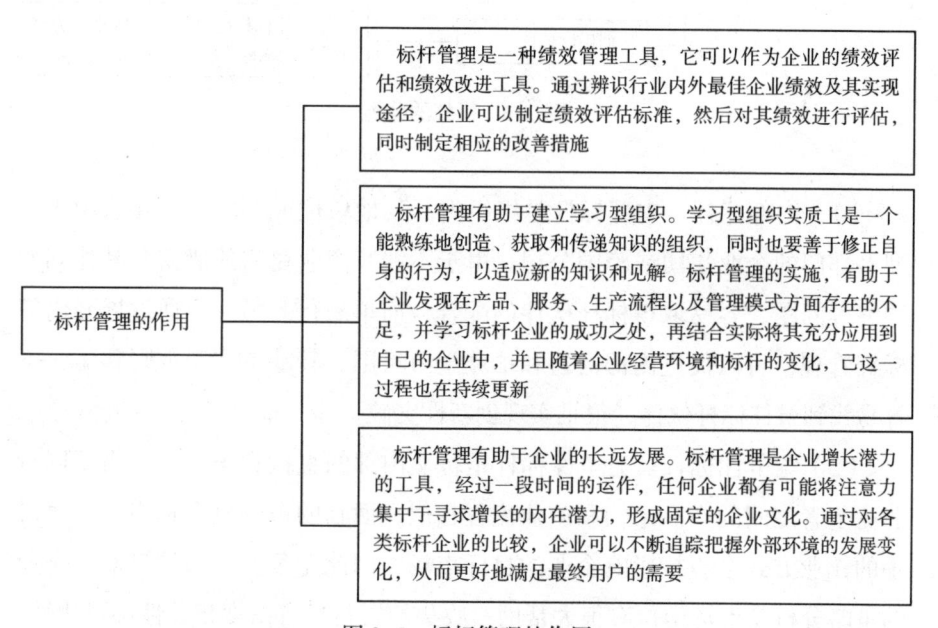

标杆管理的作用
- 标杆管理是一种绩效管理工具,它可以作为企业的绩效评估和绩效改进工具。通过辨识行业内外最佳企业绩效及其实现途径,企业可以制定绩效评估标准,然后对其绩效进行评估,同时制定相应的改善措施
- 标杆管理有助于建立学习型组织。学习型组织实质上是一个能熟练地创造、获取和传递知识的组织,同时也要善于修正自身的行为,以适应新的知识和见解。标杆管理的实施,有助于企业发现在产品、服务、生产流程以及管理模式方面存在的不足,并学习标杆企业的成功之处,再结合实际将其充分应用到自己的企业中,并且随着企业经营环境和标杆的变化,已这一过程也在持续更新
- 标杆管理有助于企业的长远发展。标杆管理是企业增长潜力的工具,经过一段时间的运作,任何企业都有可能将注意力集中于寻求增长的内在潜力,形成固定的企业文化。通过对各类标杆企业的比较,企业可以不断追踪把握外部环境的发展变化,从而更好地满足最终用户的需要

图 3-5 标杆管理的作用

二、标杆的分类及标杆管理的实施程序

1. 标杆的分类

标杆的分类有很多种，根据标杆选择的不同，一般将标杆分为五类，如图3-6所示。

```
                    ┌─ 内部标杆 ──── 内部标杆是组织内部其他单位或部门，主要适用于大型多部门的企业集团或跨国公司
                    │
                    ├─ 竞争性标杆 ── 竞争性标杆是行业内部的直接竞争对手
                    │
        标杆的分类 ──┤─ 非竞争性标杆 ─ 非竞争性标杆是同行业非直接竞争对手，即那些由于地理位置不同等原因虽处于同行业但不具备直接竞争关系的企业
                    │
                    ├─ 功能性标杆 ── 功能性标杆是不同行业拥有相同或相似功能、流程的企业
                    │
                    └─ 通用性标杆 ── 通用性标杆即以最佳工作流程为基准进行的标杆管理
```

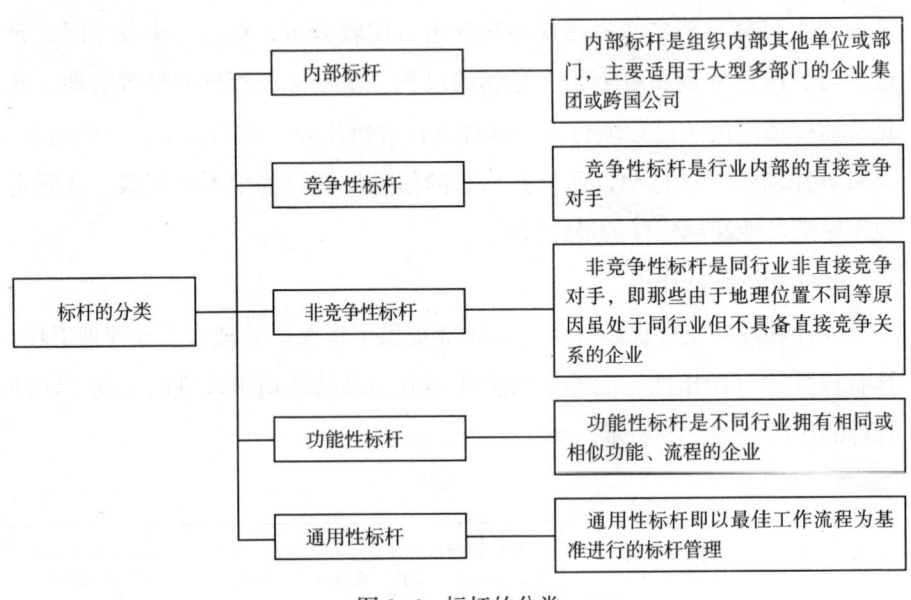

图3-6 标杆的分类

（1）内部标杆。内部标杆是组织内部其他单位或部门，主要适用于大型多部门的企业集团或跨国公司。由于不涉及商业秘密的泄露和其他利益冲突等问题，容易取得标杆伙伴的配合，简单易行。另外，通过展开内部标杆管理，可以促进内部沟通和培养学习氛围。其缺点在于视野狭隘，不容易找到最佳标杆伙伴，很难实现创新性突破。

（2）竞争性标杆。竞争性标杆是行业内部的直接竞争对手。由于同行业竞争者之间的产品结构和产业流程相似，面临的市场机会相当，竞争对手的作业方式会直接影响企业的目标市场，因此竞争对手的信息对于企业的策略分析及市场定位有很大帮助，收集的资料具有高度相关性和可比性。但标杆伙伴是直接竞争对手，信息具有高度商业敏感性，难以取得竞争对

第三章 绩效管理的"秘密武器"（绩效管理常用工具）

手的积极配合，获得真正有用或是准确的资料，从而极有可能使标杆管理流于形式或者失败。

（3）非竞争性标杆。非竞争性标杆是同行业非直接竞争对手，即那些由于地理位置不同等原因虽处于同行业但不具备直接竞争关系的企业。非竞争性标杆管理在一定程度上克服了竞争性标杆管理资料收集和合作困难的弊端，继承了竞争性标杆管理信息相关性强和可比性强的优点。但可能会由于地理位置等原因而造成资料收集成本增加。

（4）功能性标杆。功能性标杆是不同行业拥有相同或相似功能、流程的企业。其理论基础是任何行业均存在一些相同或相似的功能或流程，如物流、人力资源管理、营销手段等。跨行业选择标杆伙伴，双方没有直接的利害冲突，更容易取得对方的配合；另外，可以跳出行业的框框约束，视野开阔，随时掌握最新经营方式，成为强中之强。但是投入较大，信息相关性比较差，最佳实践需要较为复杂的调整转换过程，实施较为困难。

（5）通用性标杆。通用标杆管理，即以最佳工作流程为基准进行的标杆管理。标杆是类似的工作流程，而不是某项业务与操作职能或实践。标杆合作者是不同行业具有不同功能、流程的组织，即看起来完全不同的组织。其理论基础是，即使完全不同的行业，功能、流程也会存在相同或相似的核心思想和共通之处。这类标杆管理可以跨越不同类型的组织。从完全不同的组织学习和借鉴会最大限度地开阔视野、突破创新，从而使企业绩效实现跳跃式增长，大大提高企业的竞争力，这是最具创造性的学习。但其信息相关性更差，企业需要更加复杂的学习、调整和转换过程才能在本企业成功实施学到的最佳实践，因此实施的困难更大，通常要求企业对整个工作流程和操作有很详细的了解。

2.标杆管理的实施程序

对于标杆管理的实施程序，不同的学者有不同的观点。其中以罗伯特·C.坎普（Robert C. Camp）的五阶段论最为有名。罗伯特·C.坎普是标杆管理最著名的倡导者和先驱人物之一，他在专著《标杆瞄准——寻找产生卓越业绩的行业最佳管理实践》中所提到的标杆管理理论得到了广泛的认可。他认为，整个标杆管理活动可以划分为五个阶段，每个阶段一般包括2～3个步骤，如表3-1所示。

表3-1 罗伯特·C. 坎普的标杆管理五阶段

阶段	步骤
计划	确认对哪个流程进行标杆管理
	确定用于作比较的公司
	决定收集材料的方法并收集资料
分析	确定自己目前的做法与标杆之间的绩效差异
	拟定未来的绩效管理目标
整合	就标杆管理过程中的发现进行交流并获得认可
	确立部门目标
行动	制订行动计划
	实施明确的行动并检测进展情况
完成	处于领先地位
	全面整合各种活动
	重新调校标杆

三、基于标杆管理的绩效考核体系

1. 基于标杆管理的绩效考核流程设计

企业在设计绩效考核体系时，如何设计反映企业战略发展要求的绩效考核体系是决定整个考核体系能否支撑组织高绩效的关键。标杆管理法为企业设计绩效指标体系提供了一个以外部导向为基础的全新思路。基于标杆管理的绩效考核体系设计就是企业将自身的关键业绩行为与最强的竞争企业或那些在行业中领先的、最有名望的企业的关键业绩行为作为基准进行考核与比较，分析这些基准企业的绩效形成原因，并在此基础上确定企业可持续发展的关键业绩标准及绩效改进的最优策略。

对"标杆"和"超越"这两个不同的阶段有了清楚的认识后，我们可以依照图3-7所示的几个步骤以标杆管理法为基础，通过标杆内容的基准化来提取绩效考核指标，设计企业的绩效考核体系。

第三章 绩效管理的"秘密武器"(绩效管理常用工具)

以标杆超越为基础设计绩效考核体系

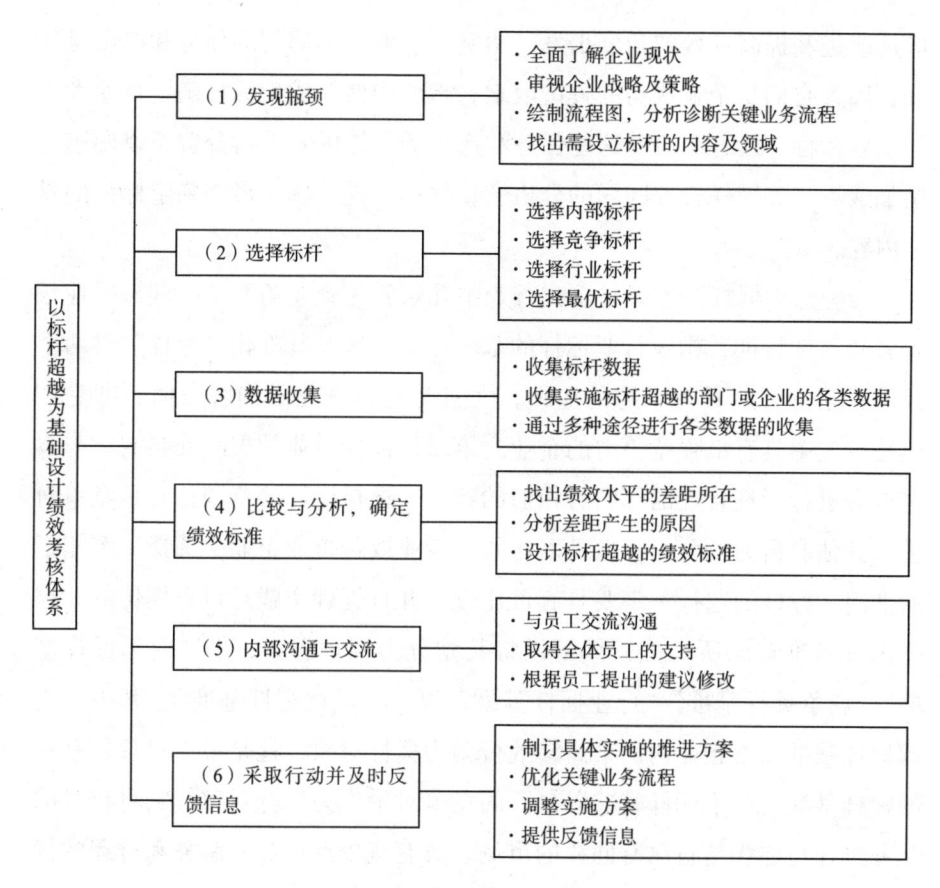

- (1) 发现瓶颈
  - ·全面了解企业现状
  - ·审视企业战略及策略
  - ·绘制流程图,分析诊断关键业务流程
  - ·找出需设立标杆的内容及领域

- (2) 选择标杆
  - ·选择内部标杆
  - ·选择竞争标杆
  - ·选择行业标杆
  - ·选择最优标杆

- (3) 数据收集
  - ·收集标杆数据
  - ·收集实施标杆超越的部门或企业的各类数据
  - ·通过多种途径进行各类数据的收集

- (4) 比较与分析,确定绩效标准
  - ·找出绩效水平的差距所在
  - ·分析差距产生的原因
  - ·设计标杆超越的绩效标准

- (5) 内部沟通与交流
  - ·与员工交流沟通
  - ·取得全体员工的支持
  - ·根据员工提出的建议修改

- (6) 采取行动并及时反馈信息
  - ·制订具体实施的推进方案
  - ·优化关键业务流程
  - ·调整实施方案
  - ·提供反馈信息

图 3-7 以标杆超越为基础设计绩效考核体系

(1) 发现瓶颈。企业要详细了解自身的关键业务流程与管理策略,从构成这些流程的关键节点切入,找出企业运营的瓶颈,从而确定标杆的内容与领域。标杆管理法主要通过调研、观察和内部数据分析,真正了解自己的现状。在这一步骤中,通过绘制出详细的流程图将本企业的当前状况描绘出来。这项工作对于标杆管理活动的成功是至关重要的。一张详细的流程图有助于组织就当前生产经营的运行方式、所需的时间和成本、存在的缺点和失误等达成共识。这一步工作做不好,即使同标杆企业的先进之处进行比较,也难以揭示出自身所存在的不足。对于要确定的标杆的内容,尽管每个企业或部门都有自己的业绩产出,但是标杆内容的确定首先应从改进和提高绩效的角度出发,明确本企业或本部门的任务和产出是什么,因为它们是企业成功的关键因素,理所当然要成为标杆确定首要考虑的绩效指标。接着,应对这些任务和产出的具体内容进行分解,以便进行诸如成本、关键任务等问题的分析、量化和检查,从而最终确定标杆的具体内容。

(2)选择标杆。选择与研究行业中几家领先企业的业绩,剖析行业领先者的共性特征,构建行业标杆的基本框架。选择基准化"标杆"有两个标准:第一,应具有卓越的业绩,尤其是在基准化的内容方面,即它们应是行业中具有最强竞争力的企业。第二,标杆企业的被瞄准领域应与本企业需进行标杆管理的部门有相似的特点。选择标杆的范围首先是竞争对手及其他有潜力的公司。也可以在同一行业或跨行业企业中选择一个相近的部门。标杆的选择一定要具有可比性,并且管理实践是可以模仿的。根据标杆基准对象所处的领域可以将其划分为四种类型,即"内部标杆基准""竞争标杆基准""行业标杆基准"以及"最优标杆基准"。其中,内部标杆基准以本企业内部某高绩效行为为标杆对象,这是最简单且最基本的标杆基准。竞争标杆基准以自己的竞争对手作为标杆对象,它将自身的业务过程与那些与自己有同样的市场,具有竞争性产品、服务和过程的优势企业相比较,从而学习竞争对手的优点。由于竞争的关系,这种标杆基准的获得相对而言是较为困难的。行业标杆基准以与本企业相关的行业中的优势企业为标杆对象,比如参照行业领袖或行业中的典型企业,以其绩效水平为参照来设计绩效考核及改进体系。最优标杆基准在选择标杆对象时不在意标杆对象在业务、产品等方面的相同或相似,只要它在某一方面具有优势并且具有可以向其学习的可能性,就将其作为绩效改进的学习对象。

(3)数据收集。深入分析标杆企业的经营模式,从系统的角度剖析与归纳其竞争优势的来源(包括个体行为标杆、职能标杆、流程标杆与系统标杆),总结其成功的关键要领。资料和数据可以分为两类:一类是标杆企业的资料和数据。其中,主要包括标杆企业的绩效数据以及最佳管理实践,即标杆企业达到优良绩效的方法、措施和诀窍。另一类是开展标杆瞄准活动的企业（或部门）的资料和数据，反映它们自己目前的绩效及管理现状。

作为标杆的资料和数据可以来自单个的标杆企业或部门，也可以来自行业、全国乃至全球的某些样本。全行业样本反映了样本范围内的平均水平。通过与这类数据的瞄准、比较，可以了解本企业（部门）在行业及国内外同行中所处的相对位置，明确努力方向。信息的收集并不像人们想象的那样困难，我们今天正处于一个信息时代，通过图书馆、互联网、行业协会、公共论坛、会议、讲座、贸易展示会等各种公开的渠道，我们几乎可以获得所需要的任何信息。必要时可以直接同所选定的标杆管理榜样接触，甚至可以到对方所在地进行参观调研。

（4）比较与分析，确定绩效标准。将标杆企业的业绩与实践与本企业的业绩与实践进行比较和分析，找出绩效水平上的差距，以及在管理实践上的差异。借鉴其成功经验，确定适合本企业的能够赶上甚至超越标杆企业的关键业绩标准及最佳实践。

在分析差距和确定绩效标准时应考虑的因素如图 3-8 所示。

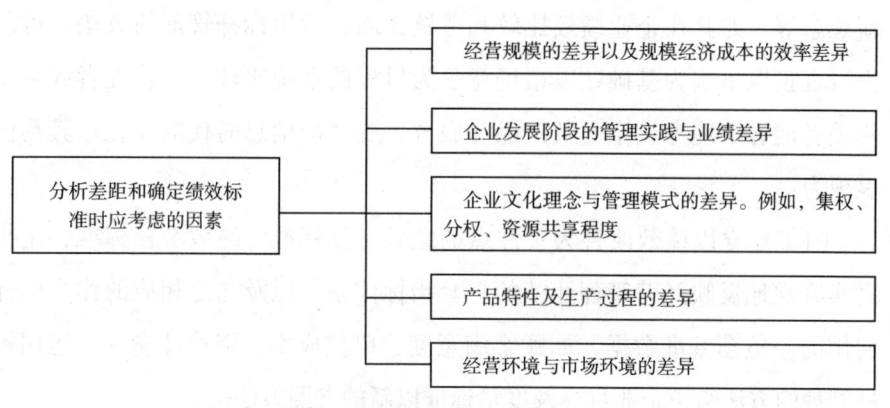

分析差距和确定绩效标准时应考虑的因素	经营规模的差异以及规模经济成本的效率差异
	企业发展阶段的管理实践与业绩差异
	企业文化理念与管理模式的差异。例如，集权、分权、资源共享程度
	产品特性及生产过程的差异
	经营环境与市场环境的差异

图 3-8　分析差距和确定绩效标准时应考虑的因素

（5）内部沟通与交流。将标杆法的推进与员工的沟通和交流同步，并将标杆基准化的目标与前景让全体员工理解和支持。根据全体员工的建议，最终拟定各层级的绩效目标并提出改进方案。

（6）采取行动并及时反馈信息。在详细分析内外部资料的基础上，制订具体的行动方案，包括计划、安排、实施的方法和技术，以及阶段性的成绩考核，并在组织内部达成共识，推动方案的有效实施。在具体实施过程中，每一个实施阶段都要进行总结、提炼，一旦发现新的情况和问题，就要及时改进。

将标杆管理作为一个持续的循环过程。最终将标杆基准融入企业日常管理工作中，使之成为一项固定的绩效管理活动持续推进。标杆管理强调的是一种持续不断的递阶上升的绩效改进活动，最终它应该是一种经常性的制度化的工作；这一点与流程再造不同，流程再造强调的是一种全面的、彻底的创新，流程再造的目标根据具体的、规范性的研究规划而得，它的目标较之标杆管理的目标而言，更加抽象，操作性也差很多。

2. 运用标杆管理设计绩效考核体系的优势

标杆管理法作为一种新兴的、有效的管理方法，适用于企业的多个方面。例如，制定企业战略、业务流程重组、解决内部问题、组织学习、更新观念等。尤其在企业绩效比较和考核方面，运用标杆管理的方法，可以进行真正以事实为基础、以市场竞争为目标的系统比较，使管理者或利益相关者能客观地考核企业及产品和服务，更适应信息时代的变化。其具体表现为：

（1）建立以绩效改善为关注点的绩效考核标准。绩效考核标准，是指真实客观地反映经营管理业绩的一套指标体系，以及与之相应的作为标杆使用的一整套基准数据，如顾客满意度、单位成本、资产计量等。运用标杆管理的方法给予企业目标及度量标准以新的参照方法。

（2）激发企业中的个人、团体和整个组织的潜能，充分发挥他们的潜力，提高企业绩效。通过与竞争对手或同业最具效率的企业比较，企业能够较清楚地了解自己的差距，如劳动生产率、产品质量、经营管理方式等。标杆管理为企业提供了一个很好的提高潜力的机会。许多企业一旦达到一定绩效后往往因自满而举步不前。采用标杆管理的方法来设计绩效考核体系可以在一定程度上消除企业的自满心理，迫使企业以行业或跨行业的最优绩效水平为基准，通过居安思危，辨明企业内部从部门到流程与先进实践的差距，明确企业未来的发展方向，极大地克服了企业内部经营近视的现象。

（3）有利于促进企业经营者激励机制的完善。现代企业由于所有权与经营权分离现象的存在，所有者必须设计一套良好的激励机制来引导经营者朝着股东财富最大化方向行进。而绩效考核是企业经营者激励机制的一个基础问题，绩效考核标准的选择将直接影响激励机制的成功与否。因此，企业可以利用标杆管理的方法建立一套绩效考核指标，以此为基础设计激励机制。其优点是能够去掉复杂的干扰因素，过滤行业中的系统风险和共同风险，标杆管理法不仅仅局限于行业内选择标杆对象，而是打破了行业界限。这是一个强调"外向型"的工具，以别人的最优实践为目标，既适用于财务性指标的设计，又适用于非财务性指标的设计，同时还适用于企业不同的发展阶段。很重要的一点是，由于作为标杆的绩效水平是真实、合理、客观存在的绩效水平，这样不仅能减少经营者的抵触情绪，而且使绩效指标的设计对经营者更具挑战性。

第三节　平衡计分卡

一、什么是平衡计分卡

简单地说，平衡计分卡就是根据企业组织的战略要求而精心设计的指标体系。平衡计分卡包括财务、客户、内部流程、学习与成长四个方面，如图3-9所示。

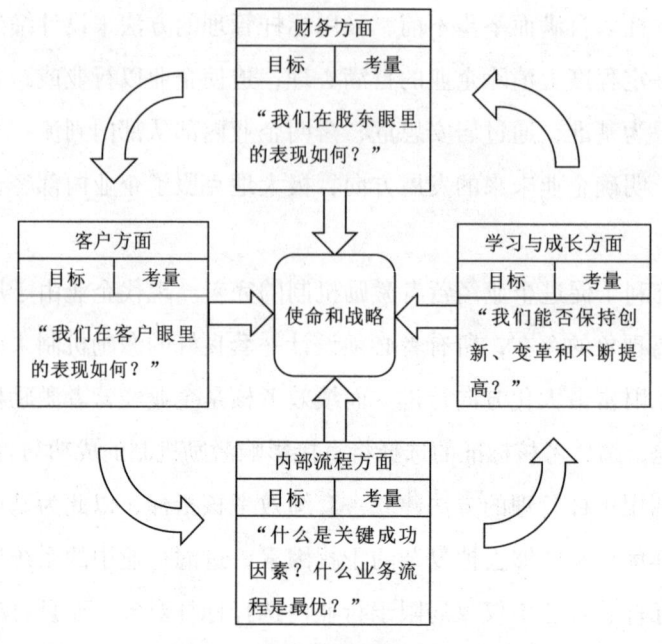

```
                    ┌─────────────┐
                    │  财务方面    │
                    ├──────┬──────┤
                    │ 目标 │ 考量 │
                    ├──────┴──────┤
                    │"我们在股东眼里│
                    │ 的表现如何？"│
                    └─────────────┘

┌─────────────┐     ┌─────────┐     ┌─────────────┐
│  客户方面    │     │         │     │学习与成长方面│
├──────┬──────┤ ──→ │使命和战略│ ←── ├──────┬──────┤
│ 目标 │ 考量 │     │         │     │ 目标 │ 考量 │
├──────┴──────┤     └─────────┘     ├──────┴──────┤
│"我们在客户眼里│                    │"我们能否保持创│
│ 的表现如何？"│                    │新、变革和不断提│
└─────────────┘                    │ 高？"        │
                                   └─────────────┘

                    ┌─────────────┐
                    │ 内部流程方面 │
                    ├──────┬──────┤
                    │ 目标 │ 考量 │
                    ├──────┴──────┤
                    │"什么是关键成功│
                    │因素？什么业务流│
                    │ 程是最优？"  │
                    └─────────────┘
```

图 3-9　平衡计分卡的四个方面

1. 财务方面

平衡计分卡在财务方面强调企业要从股东及出资人的立场出发，树立"只有满足投资人和股东的期望，才能取得立足与发展所需要的资本"的观念。从财务的角度看，企业有"成长""保持（维持）"及"收获"三大战略方向，与此相配合，就会形成三个财务性主题——"收入—成长""成本降低—生产力改进""资产利用—投资战略"。企业应根据所确定的不同的战略方向、战略主题而采用不同的业绩衡量指标。

财务绩效指标主要包括：收入增长指标、成本减少或生产率提高指标、资产利用或投资战略指标。当然，也可以根据企业的具体要求，设置更加具体的指标，如经济增加值、净资产收益率、资产负债率、投资报酬率、销售利润率、应收账款周转率、存货周转率、营业净利额和现金流量净额等。

2. 客户方面

客户因素在平衡计分卡中占有重要地位，因为如果无法满足或达到顾客的需求，企业的愿景及目标是很难实现的。企业要想取得长期的经营绩效，就必须创造出受客户青睐的产品与服务，因此企业的活动必须以客户价值为出发点。

客户方面的绩效指标主要包括：①市场份额，即在一定的市场中（可以是客户的数量，也可以是产品销售的数量）企业销售产品的比例；②客户保留度，即企业继续保持与老客户交易关系的比例，既可以用绝对数来表示，也可以用相对数来表示；③客户获取率，即企业吸引或取得新客户的数量或比例，既可以用绝对数来表示，也可以用相对数来表示；④客户满意度，即反映客户对其从企业获得价值的满意程度，可以通过函询、会见等方法来估计；⑤客户利润贡献率，即企业为客户提供产品或劳务后所取得的利润水平。

3. 内部流程方面

一般来说，企业内部的业务包括革新过程、营运过程、售后服务过程三个方面。企业因资源有限，为有效地运用和发挥内部资源及过程的有效性，需要以客户的需求和股东的偏好为依据，重视价值链的每个环节，创造全面和长期的竞争优势。

内部业务流程指标如图3-10所示。

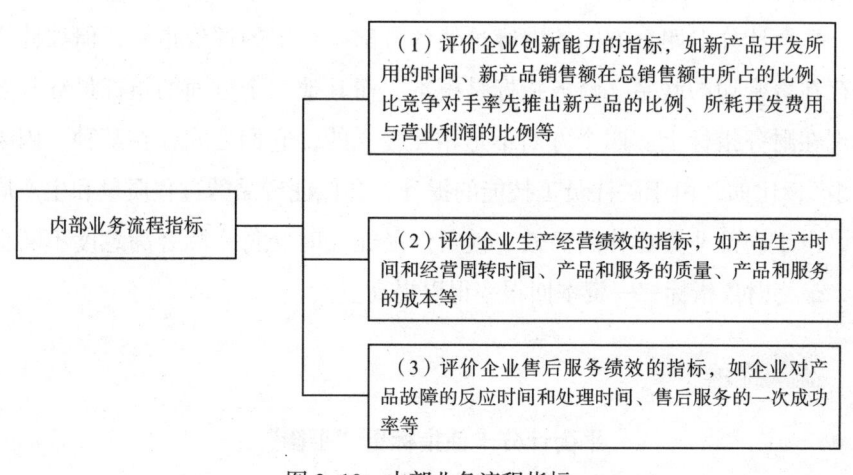

```
                    ┌─ （1）评价企业创新能力的指标，如新产品开发所
                    │     用的时间、新产品销售额在总销售额中所占的比例、
                    │     比竞争对手率先推出新产品的比例、所耗开发费用
                    │     与营业利润的比例等
                    │
   内部业务流程指标 ─┼─ （2）评价企业生产经营绩效的指标，如产品生产时
                    │     间和经营周转时间、产品和服务的质量、产品和服务
                    │     的成本等
                    │
                    └─ （3）评价企业售后服务绩效的指标，如企业对产
                          品故障的反应时间和处理时间、售后服务的一次成功
                          率等
```

图3-10 内部业务流程指标

平衡计分卡在内部业务流程方面的优势在于它既重视改善现有流程，也要求确立全新的流程，并且通过内部流程将企业的学习与成长、客户价值与财务目标联系起来。对内部业务流程的分析有助于管理层了解其业务运行情况及其产品和服务是否满足客户需要。同时，企业可以评估其在行动方法上的有效性，以便及时发现组织内部存在的问题，并采取相应措施加以改进，进而提高组织内部的管理效率。

4.学习与成长方面

平衡计分卡的设计体现了以学习和成长为核心的思想，将企业的员工、技术和组织文化作为决定因素，分别衡量员工保持率、员工生产力、员工满意度的增长等指标，以考评员工才能、技术结构和企业组织文化等方面的现状与变化。如果企业改善了这些方面，员工的潜能就能得以充分发挥，而企业的技术结果就会得到进一步提高。

学习与成长方面的绩效指标主要包括：评价员工能力的指标，如员工满意程度、员工保持率、员工工作效率、员工培训次数、员工知识水平等；评价企业信息能力的指标，如信息覆盖率、信息系统反应的时间、接触信息系统的途径、当前可能取得的信息与期望得到的信息的比例等；评价激励、授权与协作的指标，如员工提建议的数量、采纳建议的数量、个人和部门之间的协作程度等。

平衡计分卡四个方面的内容虽然各自都有特定的评价指标，但彼此之间存在着密切的联系。财务指标是根本，而其他三个方面的指标最终都要体现在财务指标上。四个方面不是相互独立的，它们之间存在某种"因果关系"，比如，由于关注员工技能的提升，会保证产品的过程质量和生产周期，由于内部业务运作的高效，使得产品能按时交付，顾客满意度不断提高，最终财务指标——资本回报率得以提高。

温馨提示

平衡计分卡使指标更"平衡"

平衡计分卡使指标更"平衡"，具体体现在以下几个方面。

（1）财务指标和非财务指标的平衡。

（2）企业的长期目标和短期目标的平衡。

（3）结果性指标与动因性指标之间的平衡。

（4）企业组织内部群体与外部群体的平衡。

（5）领先指标与滞后指标之间的平衡。

二、平衡计分卡的特点

平衡计分卡的特点是始终把战略和愿景放在其变化和管理过程中的核心地位。通过清楚地定义战略，始终如一地进行组织沟通，并将其与变化驱动因素联系起来，平衡计分卡构建"以战略为核心的开放型闭环组织结构"，使财务、客户、内部流程和学习与成长四因素互动互联。企业利用平衡计分卡，可以测量企业在当前、未来如何为顾客创造价值。

实际上，平衡计分卡方法打破了传统的只注重财务指标的业绩管理方法。传统的业绩管理方法只能衡量过去发生的事情（落后的结果因素），但无法评估组织前瞻性的投资（领先的驱动因素）。在工业时代，注重财务指标的管理方法是有效的；但在信息社会，传统的业绩管理指标并不全面，组织必须通过在客户、供应商、员工、组织流程、技术和革新等方面的投资，获得持续发展的动力。平衡计分卡的优缺点如图 3-11 所示。

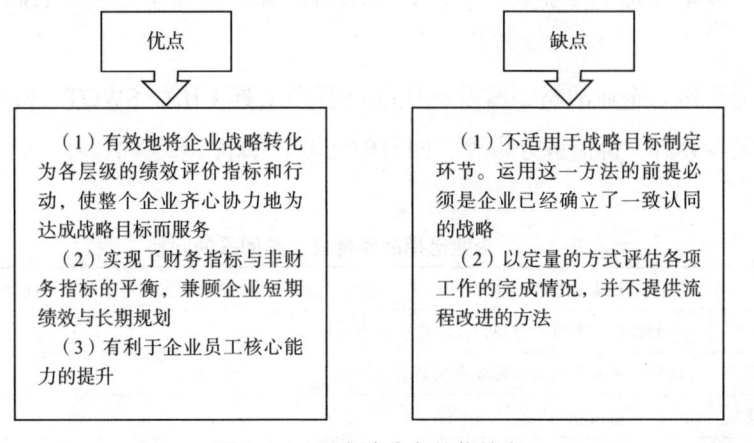

优点	缺点
（1）有效地将企业战略转化为各层级的绩效评价指标和行动，使整个企业齐心协力地达成战略目标而服务 （2）实现了财务指标与非财务指标的平衡，兼顾企业短期绩效与长期规划 （3）有利于企业员工核心能力的提升	（1）不适用于战略目标制定环节。运用这一方法的前提必须是企业已经确立了一致认同的战略 （2）以定量的方式评估各项工作的完成情况，并不提供流程改进的方法

图 3-11　平衡计分卡的优缺点

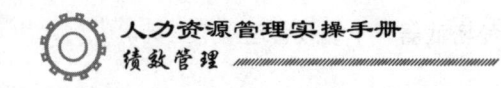

三、平衡计分卡的作用

平衡计分卡克服了单纯利用财务手段进行绩效管理的局限。财务报告传达的是已经呈现的结果、滞后于现实的指标，但是并没有向企业管理层传达未来业绩的推动要素是什么，以及如何通过对客户、供货商、员工、技术革新等方面的投资来创造新的价值，而平衡计分卡从四个不同的视角，提供了一种考察价值创造的战略方法。利用平衡计分卡，企业可以测量自己如何为当前以及未来的顾客创造价值。在保持对财务业绩关注的同时，平衡计分卡清楚地表明了卓越而长期的价值和竞争业绩的驱动因素。

这种"测量"已经超出了仅仅对过去的业绩进行报告的范围。因为管理人员所选择的测量方法能告知企业什么是重要的，所以测量工作把焦点放在了未来。为了充分利用这种优势，应该把测量方法整合成一个管理体系。因此，平衡计分卡这个概念已经超越了一个业绩测量体系而成为一种战略管理体系的组织框架。事实上，平衡计分卡成为新战略管理过程的运作体系。

四、平衡计分卡的实施步骤

1. 建立企业战略

由于企业的愿景和战略关系到企业最根本的宗旨、定位以及方向问题，这就决定了企业高管必须对这一事项负责。当然，企业战略体系的建立可以由（战略管理）专业人员完成，但最后的确定与发布必须由最高决策者决定。

为了建立企业战略，需要运用战略管理工具（比如 SWOT、PEST、利益相关者分析、价值链分析等）回答的问题，如表 3-2 所示。

表 3-2 企业运用战略管理工具回答的问题

企业运用战略管理工具（比如 SWOT、PEST、利益相关者分析、价值链分析等）回答下面问题	
问题 1	企业的优势在哪里？企业长久的竞争优势是什么？
问题 2	要成功实施商业战略，哪些方面需要改进？
问题 3	什么是企业可能的机会？

续表

企业运用战略管理工具（比如 SWOT、PEST、利益相关者分析、价值链分析等）回答下面问题	
问题 4	企业应该聚焦哪些关键业务？
问题 5	运用迈克·波特的竞争力量模型，分析企业的竞争力是什么，行业竞争是否激烈？
问题 6	企业未来的战略重点应该是什么？

在此基础上，企业可以从平衡计分卡的角度总结出愿景和相应的战略目标，并制订战略计划以配合目标的实现。

2. 平衡计分卡的设计

在开发企业平衡计分卡的时候，要保证平衡计分卡的每一个要素都是影响企业战略成功的主要因素，并且设定的指标体系能够揭示指标之间的因果联系，指明非财务指标是如何影响长期财务目标的。

需要强调的是，不同的企业一定要根据自己的具体情况，选取关键性指标，如某银行利用平衡计分卡选取了如表 3-3 所示的指标。

表 3-3　某银行的平衡计分卡指标

财务指标	客户指标
（1）投资报酬率； （2）收入成长率； （3）储蓄服务成本降低额； （4）各项服务收入百分比	（1）市场占有率； （2）与顾客关系的程度； （3）现有顾客保留率； （4）顾客满意度
内部流程指标	学习、创新与成长指标
（1）各产品或地区的利润与市场占有率； （2）新产品收入占总收入比例； （3）各种营销渠道的交易比率； （4）每名推销员潜在顾客接触次数	（1）员工满意度； （2）每位员工的平均销售额； （3）策略性技术的训练成果； （4）策略性资讯提供率

3. 部门平衡计分卡的建立

当平衡计分卡四个方面的指标都分解到了部门，便可以建立部门平衡计分卡。图 3-12 是人力资源部 BSC 的一个实例。

```
              客  户
              员工满意率
              员工劳动争议率
              企业劳动争议胜诉率
              员工流失率


    财  务                              内部流程
    人均销售收入                        人力资源管理评估
    人均利润         人力资源部          招聘和甄选质量
    全员劳动生产率      BSC             主要政策颁布及时率
    工业经济效益综合指数                 核心人员比例
    单位工资的工业增加值


              学习与成长
              培训和发展评估
              培训费占工资总额比例
              年人均培训小时
              经理以上人员内部提升
              比例
```

图 3-12　人力资源部 BSC

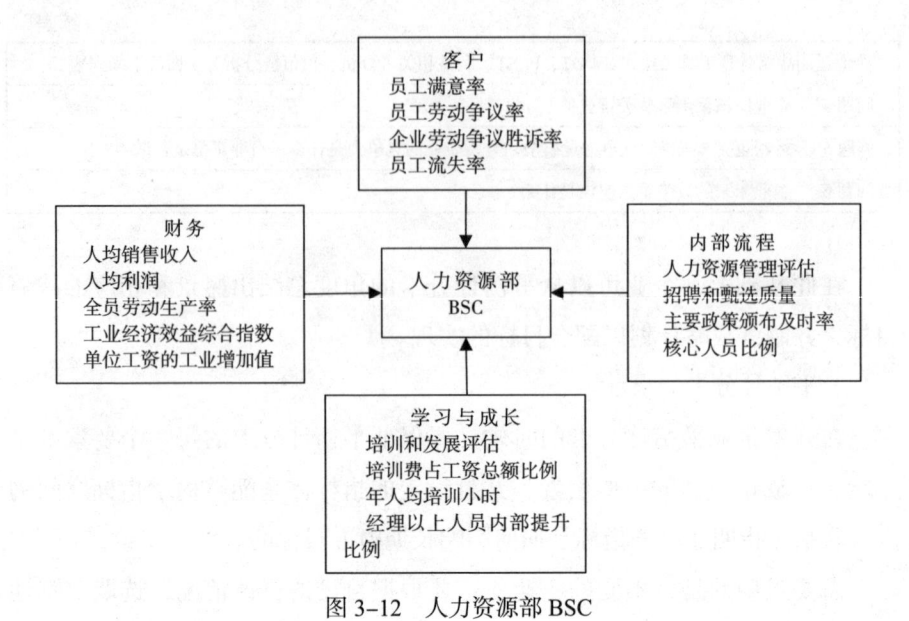

4. 岗位（个人）平衡计分卡设计

在设计岗位平衡计分卡时，可以按照设计部门平衡计分卡的方法进行，但是对岗位和部门甚至班组而言该方法是不同的，在设计时需要注意以下问题：

作为平衡计分卡本身，其财务、客户、内部流程以及学习与成长指标都是针对一个战略业务单位提出的，并由学习与成长指标、内部流程指标与客户指标共同指向财务业绩，这是部门内部各类员工（技术类、操作类、事务类等）团结协作的结果。但是，对于岗位而言，平衡计分卡四个方面的指标不是必需的，而且它们之间存在的驱动关系也并不严密。比如，对于技术类岗位来说，其价值创造或许只能体现在部门的内部经营过程目标中，只有通过内部经营过程将技术转化为客户需要的产品，技术类岗位的财务价值才能体现出来，这恐怕是单类岗位员工个人努力无法实现的，那么为这类岗位设计财务业绩指标的意义不大。再如事务类岗位（行政、文秘、保安等），其价值主要表现在提供服务支持的职能上，它们本身不创造能够带来直接经济价值的产品或技术，如果对这类岗位考评财务业绩也没

第三章 绩效管理的"秘密武器"(绩效管理常用工具)

有多大意义。

案例 3-2 企业战略方向不明确,导入平衡计分卡有什么后果?

H 公司是一家大型科技公司,引入平衡计分卡后,公司的高层领导就战略方向到底是实施成本领先战略还是差异化战略犹豫不决,这一情况反映在 BSC 的绩效指标设计上,就是指标之间的不匹配,规模指标(如销售额)只有实行成本领先战略时才可能达到,但很高的毛利率指标只有在实行差异化战略的条件下才能实现。相同的情况也发生在学习与成长指标中,H 公司对员工的培训时间提出了较高要求,但为压缩成本公司,又实行严格的预算限制,员工培训的预算只有一点点。最终,不到半年时间,平衡计分卡就无法在 H 公司继续实施。这是为什么呢?

【解析】H 公司明显缺乏对自己战略意图的清晰定位,匆匆导入平衡计分卡,必定会失败。因为 BSC 的四个层面——财务、客户、内部流程、学习和成长,它们的关键成功因素和指标设计都来源于企业的战略意图。如果企业本身就是战略缺失或者战略模糊不清,那战略地图就无法绘制,且上述四个层面的关键成功因素也很难被识别出来,绩效考核指标更是无从谈起。H 公司在这种情况下使用平衡计分卡就只能以失败而告终。

第四节 关键绩效指标

一、什么是关键绩效指标

1. 关键绩效指标的含义

关键绩效指标(key performance indicators,KPI),是把企业的战略目标分解为可操作的工作目标的工具。简单来说,KPI 是用于衡量员工工作绩效表现的量化指标。

KPI 是管理学理论中的关键结果领域理论和目标管理理论相结合的产物，其理论基础是"二八原理"，即在一个企业的价值创造过程中，每个部门中 80% 的工作任务是由 20% 的骨干人员完成的。在每一位员工身上，"二八原理"同样适用，即 80% 的工作任务是由 20% 的关键行为完成的。因此，抓住 20% 的关键，就抓住了主体。"二八原理"为绩效考核指明了方向，要将考核工作的主要精力放在关键结果和关键过程上，绩效考核应该围绕关键绩效指标展开。

KPI 所体现的衡量内容最终取决于组织的战略目标，是对组织战略目标的进一步细化和发展，并随着组织战略目标的发展演变而调整。总的来看，KPI 是从组织战略出发，以事实为基础，从最高目标向下层层分解，建立团队和个人的绩效衡量指标体系，以制订并检查绩效计划、促进行动过程、实现绩效结果，使各个绩效链条朝预期方向发展，促进组织目标达成的一项绩效管理工具。所以，KPI 使绩效管理体系不仅成为一种激励约束的手段，更成为一种战略实施的工具。

2.关键绩效指标的特点

与普通工作目标相比，关键绩效指标体现了由公司战略目标分解得出的关键价值驱动因素，并且只反映目标职位的最主要经营活动效果，而非全部工作。关键绩效指标的特点如图 3-13 所示。

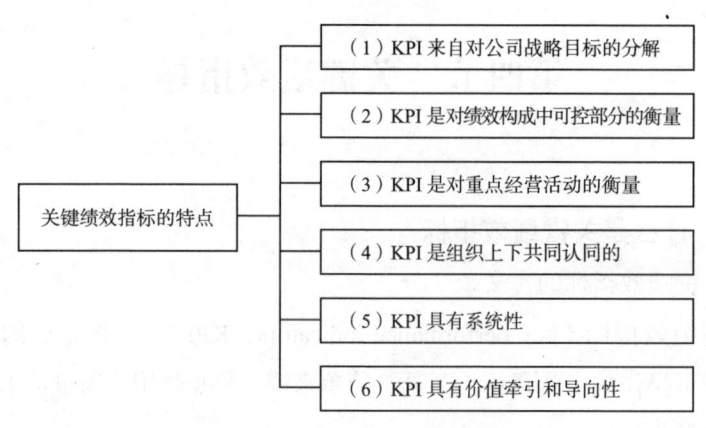

关键绩效指标的特点
- （1）KPI 来自对公司战略目标的分解
- （2）KPI 是对绩效构成中可控部分的衡量
- （3）KPI 是对重点经营活动的衡量
- （4）KPI 是组织上下共同认同的
- （5）KPI 具有系统性
- （6）KPI 具有价值牵引和导向性

图 3-13　关键绩效指标的特点

3. 关键绩效指标设计的原则

确定 KPI 指标应遵循的原则如图 3-14 所示。

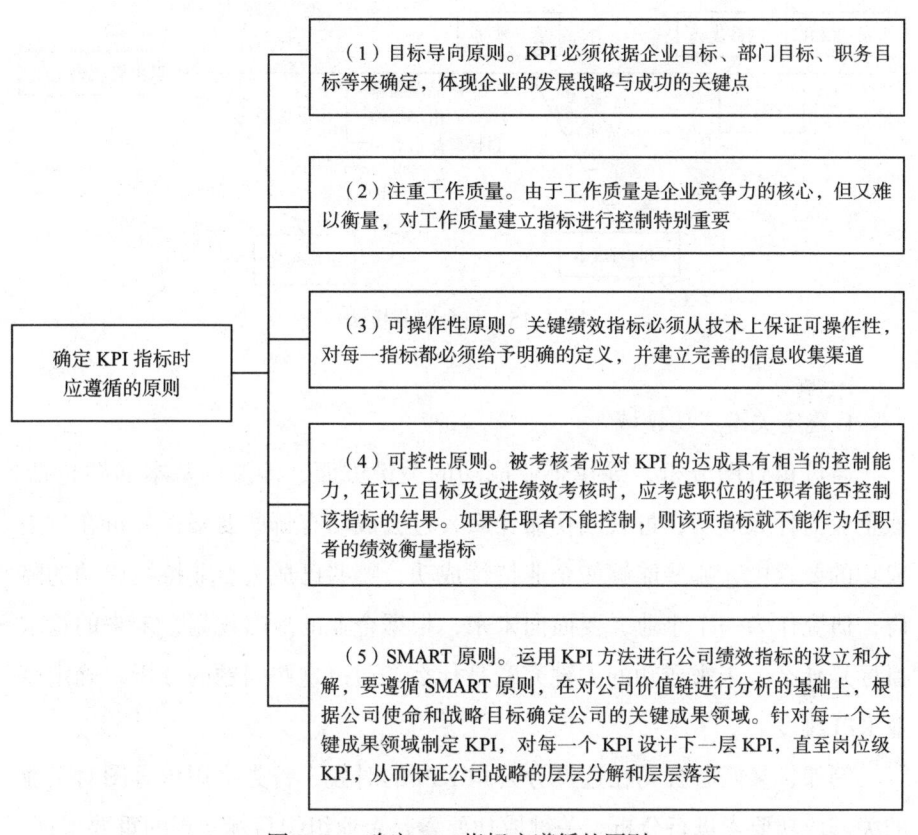

确定 KPI 指标时应遵循的原则
- （1）目标导向原则。KPI 必须依据企业目标、部门目标、职务目标等来确定，体现企业的发展战略与成功的关键点
- （2）注重工作质量。由于工作质量是企业竞争力的核心，但又难以衡量，对工作质量建立指标进行控制特别重要
- （3）可操作性原则。关键绩效指标必须从技术上保证可操作性，对每一指标都必须给予明确的定义，并建立完善的信息收集渠道
- （4）可控性原则。被考核者应对 KPI 的达成具有相当的控制能力，在订立目标及改进绩效考核时，应考虑职位的任职者能否控制该指标的结果。如果任职者不能控制，则该项指标就不能作为任职者的绩效衡量指标
- （5）SMART 原则。运用 KPI 方法进行公司绩效指标的设立和分解，要遵循 SMART 原则，在对公司价值链进行分析的基础上，根据公司使命和战略目标确定公司的关键成果领域。针对每一个关键成果领域制定 KPI，对每一个 KPI 设计下一层 KPI，直至岗位级 KPI，从而保证公司战略的层层分解和层层落实

图 3-14　确定 KPI 指标应遵循的原则

二、建立并实施关键绩效指标体系

建立关键绩效指标体系的一般程序。首先，明确企业的战略目标，利用头脑风暴法和鱼骨图分析法找出企业的关键成功领域（如：技术创新），即企业级 KPI；其次，确定相关的要素目标，分析绩效驱动因素（如：成本）；最后，将关键成功要素细分为各项指标，选出关键绩效指标（如：某产品市场占有率），如图 3-15 所示。这里，笔者结合某旅游公司 KPI 考核实例具体说明。

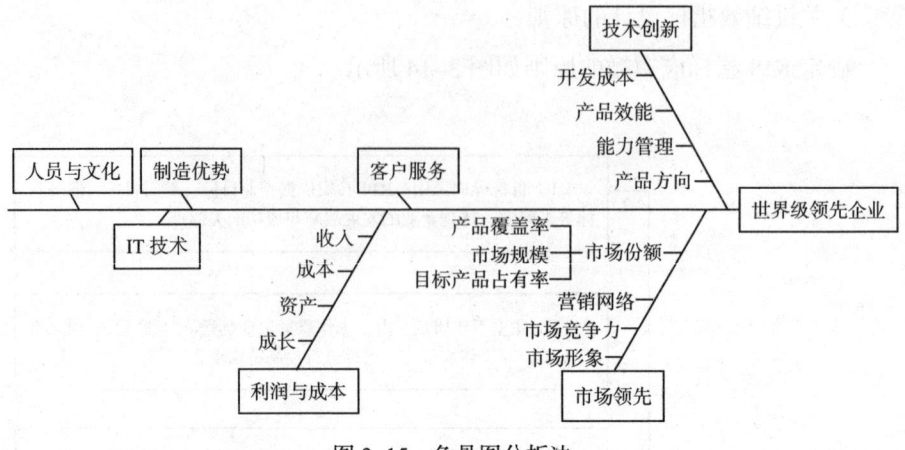

图 3-15　鱼骨图分析法

1. 确定关键成功领域

通过鱼骨图分析，寻找企业成功的关键方面，涉及的基本问题包括：该企业为什么成功，过去成功靠什么，过去成功有哪些要素；分析在过去成功的要素中，哪些能够使企业持续成功，哪些已成为企业持续成功的障碍；研究作为一个企业，要面向未来，根据企业的战略规划，未来的追求目标是什么，未来成功的关键究竟是什么。通过这些问题的分析，确定企业 KPI 维度。

例如，某旅游公司在选择分公司 KPI 的时候，首先运用鱼骨图对企业的关键成功要素进行分析。关键成功要素是企业组织目标实现的重要保证。该公司的关键成功要素有四项：市场领先、客户服务、利润增长、人员与组织管理，如图 3-16 所示。

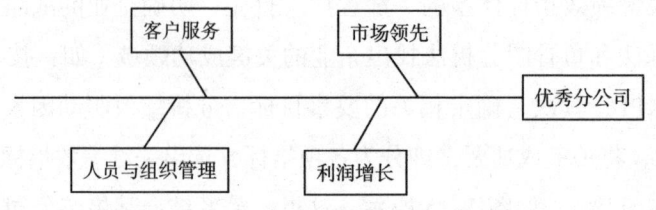

图 3-16　某旅游公司分公司成功关键分析

2.确定关键要素

关键成功领域确定以后,需要进一步分解为要素。该解析过程主要解决的问题有:①每个维度的内容是什么?②如何保证这些维度的目标实现?③每个维度目标实现的关键措施和手段是什么?④维度目标实现的标准是什么?

某旅游公司 KPI 维度进一步分解如图 3-17 所示。

```
某旅游公司 KPI 维度
├── 市场领先
│   ├── 市场竞争力
│   ├── 市场拓展力
│   └── 品牌影响力
├── 客户服务
│   ├── 客户满意度
│   └── 客户资源管理
├── 利润增长
│   ├── 应收账款
│   ├── 费用控制
│   └── 纯利润
└── 人员与组织管理
    ├── 人员满意度
    └── 员工开发
```

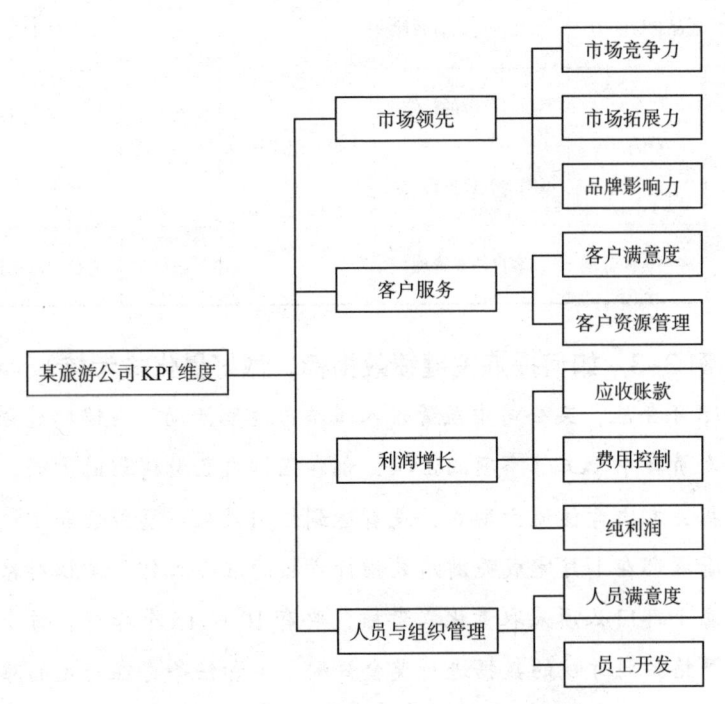

图 3-17 万通旅游公司 KPI 维度进一步分解

3.确定关键绩效指标

要素进一步细化,就是 KPI 的设计和选择。对 KPI 的选择必须遵循前面所述的原则,要求 KPI 能客观地、集中地反映要素的特点,尽量量化和可测量。然后,汇总形成某旅游公司分公司一级 KPI 表,如表 3-4 所示。

表 3-4　某旅游公司分公司一级 KPI 表

KPI 维度	KPI 要素	KPI	KPI 维度	KPI 要素	KPI
市场领先	市场竞争力	当期接待团次	利润增长	应收账款	回款速度、期限
		当期接待人数			坏账数量
		当期营业收入		费用控制	办公费用
	市场拓展力	新客户数量			业务招待费用
		新业务增长率		纯利润	纯利润目标达成率
	品牌影响力	市场宣传的有效性	人员与组织管理	人员	业务骨干人才离职率
客户服务	客户满意度	客户对品牌的认知度			管理人员离职率
		每团次客户投诉数量			员工综合满意度
	客户资源管理	客户档案管理		纪律	总公司政策执行情况

案例 3-3　如何提炼关键绩效指标，做好量化式考核？

2018 年年底，某公司中层管理人员举办述职活动。在述职过程中，中层管理人员集中于工作事项的汇报，都在强调自己做得好的方面，并没有具体数据，本次考核流于形式，没有达到任何效果。总经理非常恼火，要求人力资源部在 1 月完成关键绩效指标考核的准备工作，考核对象是部门经理，每个部门必须采取量化式考核，要有 10~15 个指标，每个月都要考核，严格按照考核的数据进行奖金分配。尽管任务存在一定的难度，人力资源部经理还是按照总经理的要求，进行工作沟通，开始准备工作。如果你是人力资源部经理，如何提炼关键绩效指标，做好量化式考核？

【解析】KPI（关键绩效指标）是以关键的指标为主，进行量化考核的绩效考核方式。主要特点有：①考核指标一般为 6~8 项。②考核指标量化，可以测算。③考核指标基于岗位的工作任务，岗位职责。为做好 KPI 工作考核，关键要做好绩效指标的提取，主要关注：考核指标与工作任务、岗位职责相关；考核指标可量化；工作业绩（输出）可测量。KPI 只是考核的一种工具，往往要结合其他考核方式进行绩效管理。

第三章 绩效管理的"秘密武器"(绩效管理常用工具)

本案例中,由于年底公司中层管理人员述职,采取工作报告的形式进行汇报,导致考核流于形式,达不到绩效考核的目的。KPI考核,关键绩效指标考核方式,是量化式考核,避免了定性考核,保证了考核的有效性、客观性。KPI考核基于目标管理,需要明确考核对象(被考核部门,员工)的主要工作职责、工作任务、工作目标。在提取关键绩效指标时,要做好目标的分解,部门职能工作的梳理。

关键绩效指标提取需考虑的因素如图3-18所示。

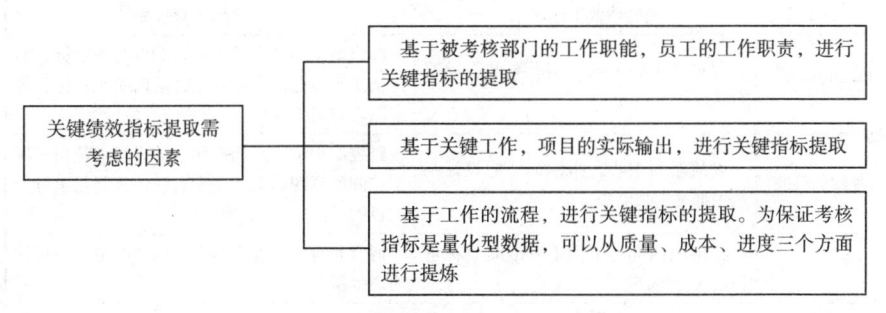

```
                          ┌─ 基于被考核部门的工作职能,员工的工作职责,进行
                          │  关键指标的提取
关键绩效指标提取需 ────────┼─ 基于关键工作,项目的实际输出,进行关键指标提取
考虑的因素                │
                          └─ 基于工作的流程,进行关键指标的提取。为保证考核
                             指标是量化型数据,可以从质量、成本、进度三个方面
                             进行提炼
```

图3-18 关键绩效指标提取需考虑的因素

案例3-4 行政人员绩效考核指标如何确定?

深圳某生产制造类企业,有员工100多人,绩效考核指标还不太完善,尤其在对行政后勤部门的考核指标量化和评估方面感到很困惑。

那么,行政人员绩效考核指标如何确定?

【解析】职能部门的岗位职责的设定基于对于公司战略目标和业绩指标的支持,因此职能部门的关键业绩指标的设计以应负责任的完成情况为基础。在职能部门的关键业绩指标的设计中主要考虑职能部门的主要工作以及完成工作的时间、质量和成本等因素。另外,由于工作性质,职能部门的关键业绩指标有较多定性指标,但也应结合一些定量指标的考核,尤其是部门预算费用的控制。

对职能部门的考核输入有部分来自各业务部门及其他职能部门,职能部门要保证其服务能够最大限度地满足其他部门的需求,以保证公司整体运作的最佳效应。

【答疑解惑】

问：战略导向的关键绩效指标体系与一般绩效考核体系有什么区别？

【解答】战略导向的关键绩效指标体系与一般绩效考核体系的区别如表 3-5 所示。

表 3-5 关键绩效指标体系与一般绩效考核体系的区别

项目	关键绩效指标体系	一般绩效考核体系
假设前提	假定员工会采取一切必要的行动努力达成既定目标	假定员工不会主动采取行动以实现目标，假定员工不清楚应采取什么行动以实现目标，假定制定与实施战略与一般员工无关
考核的目的	以战略为中心，指标体系的设计与运用都是为战略服务的	以控制为中心，指标体系的设计与运用来源于控制的意图，为了达到有效地控制员工行为的目的
指标的产生	在组织内部自上而下对战略目标进行层层分解产生	通常是自下而上根据个人以往的绩效与目标而产生指标
指标的来源	来源于组织的战略目标与竞争的需要	来源于特定的程序，即对过去行为与绩效的修正
指标的构成及作用	通过财务与非财务指标相结合，体现关注短期效应，兼顾长期发展的原则；指标本身不仅传达了结果，还体现了产生结果的过程	注重财务指标，忽视非财务指标；注重对过去绩效的评价；绩效改进与战略需要脱节
收入分配体系与战略的关系	与 KPI 指标的值和权重相搭配，有助于推动组织战略的实施	与个人绩效密切相关，与组织战略关系不大

第五节 经济增加值法

一、什么是经济增加值

1. 经济值增加法的含义

经济增加值（economic value added，EVA）是美国思腾思特咨询公司创设的一项财务类绩效考评指标，其含义是企业税后营业净利润减去企业所占用的资本成本之后的剩余收益。该公司认为,只有正的 EVA 才是企业为股东创造的真实价值,如果 EVA 为负,即使当期会计利润为正,企业仍然没有创造,反而是在吞噬股东价值。与传统的会计利润相比,经济增加值弥补了会计报表没有全面考虑资本成本的缺陷,更准确地衡量该企业所占用、消耗的资源是多少,创造的价值是多少,保证了最终考核结果的公正性、真实性。简单地说,就是企业所使用的任何资本都是有代价的,在运用资本的同时必须为资本付费。真正的利润,是扣除资本成本之后的剩余,反映了一个公司在经济意义上而非会计意义上是否盈利,它是通过对资产负债表和损益表的调整和分析得出,映照出公司运营的真实状况以及股东价值的创造和毁损程度。EVA 的基本计算公式为:

EVA = 税后营业净利润 − 资本总成本 = 税后营业净利润 − 企业使用的全部资本 × 资本成本率

由于各国(各地区)的会计制度和资本市场现状存在差异,经济增加值的计算方法也不尽相同。主要的困难与差别在于:第一,在计算税后净营业利润和投入资本总额时需要对某些会计报表科目的处理方法进行调整,以消除根据会计准则编制的财务报表对企业真实情况的扭曲;第二,资本成本的确定需要参考资本市场的历史数据。

> **温馨提示**
>
> **EVA 激励制度的基本目标**
>
> (1)把对管理业绩的激励和股东财富的增长紧密联系起来。
>
> (2)为经营管理、计划、业绩度量和员工报酬制度建立一个统一的目标。
>
> (3)营造业绩导向的企业文化氛围。EVA 激励制度的核心要义就是要使员工切实感受到:为企业创造更多价值是增加个人收入的唯一途径,使员工能够像股东那样思考问题,提高绩效。

2. 经济增加值的"4M"体系

思腾思特公司以 EVA 为基础建立了一套绩效管理与薪酬激励体系,

这套体系被概括为"4M",即考评指标(measurement)、管理体系(management)、激励制度(motivation)和理念体系(mindset)。

(1)考评指标。通过经济增加值建立评价指标。这样的评价指标改变了用权益报酬率、总资产报酬率、销售净利率、每股收益等多指标评价方式造成的混乱局面。对股东来说,EVA总是越多越好,从这个意义上说,EVA是唯一能够给出正确答案的业绩度量指标。同时,经济增加值理论中的股东价值最大化的目标,使得企业的发展眼光看得更远,连续性的评价指标更能真实反映企业的运营状况。

(2)管理体系。经济增加值架构下的管理机制,有效避免了由于不计资本成本而产生的会计利润泡沫。管理者忽视了资本成本,往往以扩大股权融资规模、扩大股本投资的方式追求利润目标,但单位的资金效益普遍低下,表面盈利,公司资本总量却发生实质性缩水。EVA的管理体系,可以指导企业的每一项决策,而且明确了成本使用代价的概念,对利润的认识客观真实,使得管理者明白增加价值只有三条基本途径:一是更有效地经营现有的业务和资本,因此必须考虑库存、应收账款和所使用资产的成本;二是投资那些回报超过资本成本的项目;三是通过出售对别人更有价值的资产或提高资本运用效率,如加快流动资金的运转,加速资本回流,从而解放资本沉淀。

(3)激励制度。建立基于经济增加值的激励制度,可以将股东与管理者的利益统一起来,改善管理层与员工收入差距大、收入未与业绩表现挂钩、计算奖金时运用传统的业绩衡量指标不能调动员工创造股东价值的积极性等不合理情况。将EVA和相关激励计划融入企业战略思维和管理流程中,是发挥EVA激励计划有效性的关键。在员工报酬全套方案中,奖金计划及股票期权计划都必须达到风险、费用及激励间的均衡。而EVA则应成为联系、管理各方面要素的桥梁。它是企业各营运活动,包括内部管理,决策规划,以及与投资者、董事沟通的核心。只有这样,管理者才能通过应用EVA获得回报,激励计划才能以简单有效的方式改变员工行为。

（4）理念体系。由于经济增加值指标的设计着眼于企业的长期发展，应用该指标鼓励经营者做出能给企业带来长期利益的投资决策。这样，就能杜绝企业短期行为的发生，促使企业经营者关注所创造的实际收益的大小的同时，还要考虑所运用资产的规模以及使用该资产的成本大小，用以指导企业的每一项决策，包括经营预算、资本预算、企业目标确立的分析、收购兼并或出售的决策等。如果 EVA 制度全面贯彻实施，EVA 财务管理制度和激励报偿制度将使公司的企业文化发生深刻变化。

二、经济增加值的优势与不足

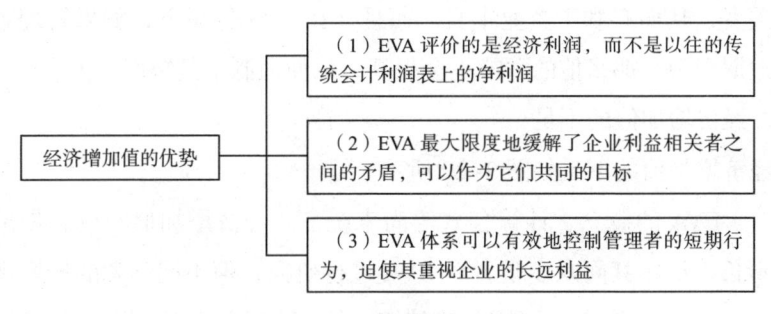

1. 经济增加值的优势

经济增加值的优势如图 3-19 所示。

```
经济增加值的优势 ┬─ （1）EVA 评价的是经济利润，而不是以往的传统会计利润表上的净利润
                 ├─ （2）EVA 最大限度地缓解了企业利益相关者之间的矛盾，可以作为它们共同的目标
                 └─ （3）EVA 体系可以有效地控制管理者的短期行为，迫使其重视企业的长远利益
```

图 3-19　经济增加值的优势

（1）EVA 评价的是经济利润，而不是以往的传统会计利润表上的净利润。净利润只片面地考虑了债务资本成本，而没有对权益资本成本进行确认和计量，它假设股东投入的资本是免费的。EVA 就很好地解决了这个问题，它是税后营业净利润扣除全部资本的资金成本以后的余额，它把权益资本成本也考虑进来。把 EVA 作为标准，可以发现许多表面上盈利的企业实际上损害了股东利益。

（2）EVA 最大限度地缓解了企业利益相关者之间的矛盾，可以作为它们共同的目标。在企业内部，每个部门都有适合自己的考核评价指标。这种做法有一定的好处，但也有明显的缺陷，那就是容易导致各部门各自为政，缺乏沟通合作。而 EVA 较好地解决了这个问题。在企业内部，EVA 将业绩评价与薪酬制度联系起来，有利于企业员工之间、员工与管理者之间的交流沟通，有效地规避了错误的管理决策。在企业外部，EVA 指标适用于不同的外部利益相关者，因为 EVA 指标增加时，利益相关者各自关注的指标也会相应地增加。所以，EVA 为他们提供了一个共同的指标，缓解了他们之间的矛盾。

（3）EVA 体系可以有效地控制管理者的短期行为，迫使其重视企业的长远利益。过去，管理者与企业的其他利益相关者之间存在明显的利益冲突时，管理者为了自己的利益，经常会作出一些有损其他利益集团的决策，且不利于企业的长期可持续发展。而在 EVA 体系下，他们就拥有了共同的目标，即 EVA 最大化。目标一致了，管理者作出的决策也就有利于其他利益相关者，从而有利于企业本身。而且，在 EVA 体系下，如果管理者继续采取短期行为，那么他的薪酬不会很高，从而遏制了其短期行为。

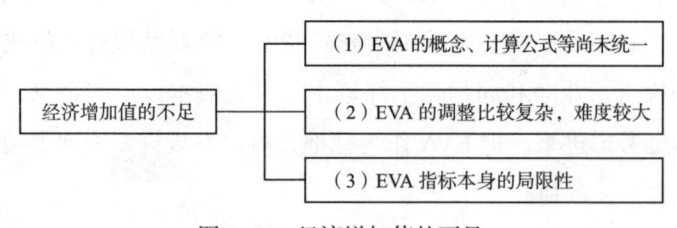

2. 经济增加值的不足

经济增加值的不足如图 3-20 所示。

（1）EVA 的概念、计算公式等尚未统一。经济增加值的概念提出的时间并不长，虽然其间众多学者对 EVA 进行研究，但不同学者的研究视角不一致，对 EVA 的定义也不同。比较统一的一点就是要从利润中扣除资本成本，但细微处有差别。由于对 EVA 的概念持不同观点，EVA 的计算公式也不同。这就给企业带来了一个难题，即究竟采用哪个公式来计算 EVA。

```
                  ┌─ （1）EVA 的概念、计算公式等尚未统一
经济增加值的不足 ──┼─ （2）EVA 的调整比较复杂，难度较大
                  └─ （3）EVA 指标本身的局限性
```

图 3-20　经济增加值的不足

（2）EVA 的调整比较复杂，难度较大。EVA 的计算需要对一些指标进

行调整。首先,这些指标的范围比较广,而且调整的过程比较复杂烦琐,有一定难度;其次,一些指标调整与否还需要根据企业的具体情况而定;再次,目前对 EVA 的调整指标尚未有形成比较成熟的系统的规定,企业可以根据自己的情况选择一些指标进行调整,这就带来很大的随意性,达不到调整的预期要求;最后,得出的 EVA 指标会有一定程度的失真。

(3) EVA 指标本身的局限性。EVA 的计算过程虽然对一些指标进行了必要的调整,但使用的仍然是历史成本,没有考虑到通货膨胀的影响,也就没有准确地反映资产的实际成本,最后得出的 EVA 指标就会和实际数据有一些出入,不够精确。

总而言之,在使用 EVA 业绩评价体系时,要充分发挥它的优点和长处,同时尽量避免其缺点和不足,保证指标的真实性和准确性,真正体现出 EVA 的价值。

第四章
从学会做计划开始
（绩效计划）

第一节 认识绩效计划

一、什么是绩效计划

绩效计划是绩效管理的首要环节，也是绩效管理成功实施的关键环节。绩效计划是确定组织对员工的绩效期望并得到员工认可的过程。绩效计划必须清楚地说明期望员工达到的结果以及为达到该结果所期望员工表现出的行为和技能。战略性绩效管理通过绩效计划来联结战略与运营，使管理中的计划职能得以实现。绩效计划是指管理者和下属在新的绩效周期开始的时候，根据组织的战略规划和年度工作计划，通过绩效计划面谈，共同制定组织、部门以及个人的工作任务，并签订绩效目标协议的过程。为了加深对绩效计划含义的理解，我们可以从以下几个方面来把握：

1. 绩效计划的目的——实现组织的战略目标

企业在制订绩效计划的过程中，为了确保组织战略目标的有效实现，需要将组织的战略目标层层分解，转化为组织层面、部门层面和个人层面的绩效目标，保证每个部门和员工的绩效目标与组织的战略目标一致。

2. 绩效计划的主体内容——确定绩效目标、指标、评价标准和行动方案

绩效计划的主体内容就是在充分沟通的基础上，管理者和下属确定在一个绩效周期内应该"做什么"以及"怎么做"的问题。具体而言，"做什么"就是确定绩效目标、绩效指标、绩效评价标准，"怎么做"就是确定行动方案。首先，企业将组织战略目标分解为部门目标和个人目标，其次，制订行动方案帮助管理者和下属都达到规定的绩效标准，并保证各个行动方案间相互配合，共同为组织的战略目标服务。

3. 绩效计划的重要环节——绩效计划面谈

绩效计划面谈就是管理者和下属通过双向的、全面的和持续的沟通方

式，就绩效目标、指标和评价标准进行沟通，达成一致并确定绩效计划。

4.绩效计划的最终表现形式——签订绩效协议

社会心理学家的大量研究发现，当人们亲自参与某项决策的制定时，一般会倾向于坚持最初的意见。而这种坚持的态度主要取决于两种因素：一是他在形成这种态度时卷入的程度，即是否参与态度形成过程；二是他是否为此进行了公开表态，即做出正式承诺。因此，在绩效计划阶段，管理者和员工应通过沟通，对绩效目标达成共识，并分别做出公开承诺，共同推动组织目标的达成。

温馨提示

如何界定绩效计划、岗位职责和绩效目标

在以往的咨询案例中，我们发现管理者和员工普遍混淆了绩效目标、岗位职责、工作计划之间的差别，这往往是沟通不充分造成的。

有些任职者在"绩效目标"栏中填写的内容和岗位职责几乎没有差异，有些则将绩效目标写成了阶段性的工作计划。例如，对于一个会计来说，"每月按时完成会计报表"应该是一项基本的岗位职责，而"控制或降低成本"可能是一项绩效目标。又如，对市场部经理来说，"年底以前把产品A的市场占有率提高5%"是一项绩效目标，而"一季度完成某项促销活动"则是支持其目标的工作计划。由于混淆和重复，我们经常看到组织和个人制订的绩效计划包含了太多的内容，毫无重点。

如何清晰地界定绩效目标、岗位职责和工作计划呢？笔者认为，绩效目标是指公司、部门、员工在绩效周期内所要达成的工作目标和成果，岗位职责则是某个岗位的工作任务和活动的概况，而工作计划则是对某个阶段具体工作内容或流程的进一步详细定义。

二、绩效计划的类型

根据不同的分类标准，绩效计划可以分为不同的类别，具体如下：

（1）根据人员岗位层次的不同，绩效计划可以分为高层管理者绩效计

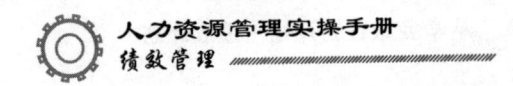

划、部门管理者绩效计划和一般员工绩效计划。

（2）根据绩效周期的差异，绩效计划可以分为任期绩效计划、年度绩效计划、半年绩效计划、季度绩效计划、月度绩效计划、周计划甚至日计划等。

（3）根据绩效层次的差别，绩效计划可分为组织绩效计划、部门绩效计划和个人绩效计划，如图4-1所示。这也是绩效管理实践中最普遍的一种分类方式。

按绩效层次的差别绩效计划的分类		
	组织绩效计划	企业通过对组织战略目标的分解和细化来制订组织绩效计划，其中组织绩效目标和绩效指标对整个绩效计划体系有指引作用，决定绩效计划体系的方向和重点
	部门绩效计划	部门绩效计划基本上是对组织绩效计划的承接与分解，往往是部门在一个绩效周期内需要完成的核心工作，当然每个部门都有各自的职责，所以部分绩效计划需要与部门职责相关
	个人绩效计划	个人绩效计划有广义和狭义之分。广义的绩效计划包括组织内所有人员的绩效计划，即高层管理者绩效计划、部门管理者绩效计划和员工绩效计划，其中高层管理者绩效计划是对组织绩效计划的承接，部门管理者绩效计划是对部门绩效计划的承接，员工绩效计划是对部门绩效计划的分解和承接，同时也要反映个人职位职责的要求。狭义的个人绩效计划就是指员工绩效计划

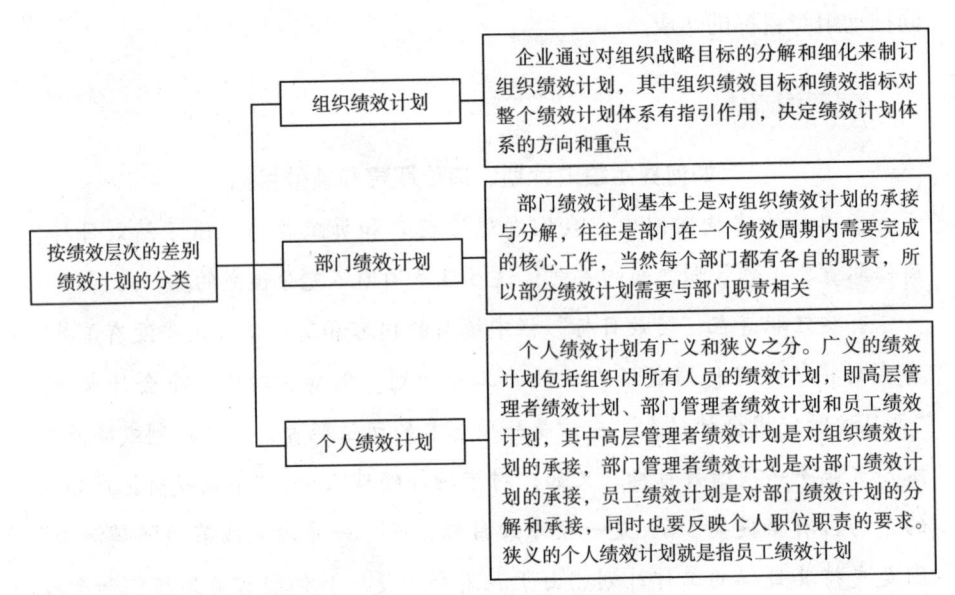

图4-1 绩效计划按绩效层次的差别分类

虽然有不同类型的绩效计划，但是各个绩效计划之间并不是相互独立的，而是互相影响、互相融合的。

三、什么是绩效周期

绩效周期是指在实施绩效管理时，以多长时间作为一个管理周期的时间界定。需要注意的是，由于企业中不同的岗位工作性质和取得工作成果的周期不一样，绩效管理周期时间的长短应根据企业中具体岗位的性质和特点来定。若绩效管理周期的时间较长，虽然绩效管理的成本明显降低，但绩效结果的可控性会较差，这对于基层岗位尤为明显。

在实践中，生产和销售日常消费品的企业，其绩效周期一般为一个月；生产大型设备的企业或提供项目服务的企业为半年或者一年。中高层管理者的绩效周期一般为半年或一年，但随着层级的提高，绩效周期会逐渐延长。市场营销、生产、服务人员的绩效周期一般是一个月或一个季度，或者根据情况缩短绩效周期。研发人员按照项目阶段或者时间周期，行政职能人员以季度或者月度为一个绩效周期。

第二节 绩效计划的制订

一、绩效计划的制订原则

为了保证绩效计划的有效实施，并实现组织的战略目标，在制订绩效计划的过程中需要遵循的基本原则，如表4-1所示。

表4-1 制订绩效计划需遵循的基本原则

原则	内容
战略性原则	管理者和下属根据组织的使命、核心价值观、愿景及战略目标，制订组织绩效计划，通过目标的分解和承接，制订部门和个人的绩效计划
参与性原则	在制订绩效计划的整个过程中，管理者和下属要进行充分的沟通，就绩效目标、指标、标准和行动方案达成共识，以确保在签订绩效协议的时候能够做出有效的承诺
发展性原则	制订绩效计划的过程中，不仅应关注员工当前的绩效目标完成情况，还应关注员工的未来发展，为员工制订发展计划，使其能力提升，持续获得高绩效
SMART原则	S代表具体（specific），即没有参与计划制订的员工也能够根据计划的细节来实施绩效计划，绩效计划应尽可能地细化、具体化，这样有利于激发员工实现目标。该原则要求尽量避免使用"尽快解决客户投诉问题"之类的笼统表述
	M代表可衡量（measurable），即能通过定量或定性的方式区别，且所需数据可获得
	A代表可实现（attainable），即绩效计划最终确定的目标要在付出努力的前提下可以达到，不能过高，也不能过低，因为过高的目标会使员工失去信心，过低的目标又无法使员工真正发挥出个人的能力

续表

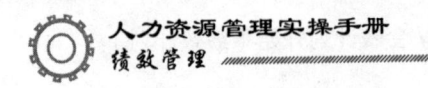

原则	内容
SMART 原则	R 代表相关性（relevant），即绩效计划要在组织战略和年度工作计划的指导下来制订，保证组织能够通过计划的实施来实现战略
	T 代表有时限（time-bound），即绩效计划的制订和实施都要有一个明确的时间节点，绩效目标也要根据工作任务的权重、事情的重要性确定最后期限，这样才能保证管理者和员工的执行力，否则，人的惰性可能会使绩效计划成为纸上谈兵

> **温馨提示**
>
> **制订绩效计划的作用**

（1）形成约定。绩效计划是各部门、各岗位考核人与被考核人之间就完成工作的目标、形式、标准所形成的约定，考核双方对绩效计划的认可和签字等同于企业和员工之间就工作目标和目标完成的标准形成了一致的意见。

（2）双向沟通。绩效计划的制订过程是考核人和被考核人就绩效相关事项进行充分沟通的过程。在这个过程中，考核双方就绩效问题能够达成一致的意见和理解；同时，也是加深被考核人对绩效目标和内容了解的过程。

（3）提供依据。绩效计划能够为企业、部门和员工提供绩效评价的依据。员工制订绩效计划之后，在考核期期末，就可以根据员工作出的绩效承诺计划实施绩效评价。对于绩效计划完成情况出色的部门或个人，绩效评价后将会获得奖励；对于没有完成绩效计划的部门或者个人，考核人可以帮助被考核人分析绩效计划没有完成的原因以及修改绩效计划。

（4）提高承诺意识。绩效计划能够通过被考核人对绩效的承诺，增强员工的参与感。在绩效计划制订的过程中，员工可以表达对企业、对部门以及对个人绩效的观点和看法，使员工个人情况与企业的目标相匹配，进一步提高个人对企业的承诺。

（5）努力方向。绩效计划能够为员工提供努力的目标和方向。绩效计划中包含绩效目标、绩效指标的权重以及绩效评价等内容。这对于部门和个人提出了明确而具体的期望和要求，同时明确表达了部门和员工在哪些方面取得成就会获得企业的奖励，使部门和员工朝企业期望的方向努力。

二、绩效计划的制订步骤

绩效计划的制订有一定的步骤，主要包括准备阶段、沟通阶段、审定和确认阶段，如图 4-2 所示。

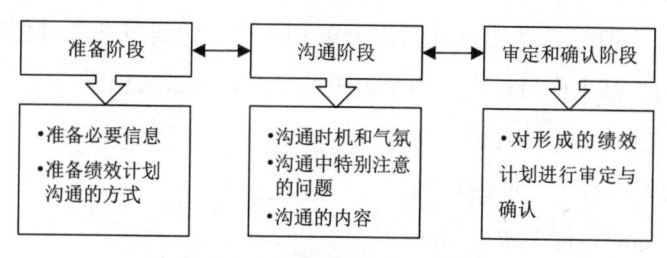

图 4-2　绩效计划制订步骤

1. 准备阶段

（1）准备必要的信息。绩效计划通常是通过管理者与员工双向沟通的绩效计划会议来得到的，那么为了使绩效计划会议达到预期效果，事先必须准备好相应的信息。这些信息可以分为三类，如图 4-3 所示。

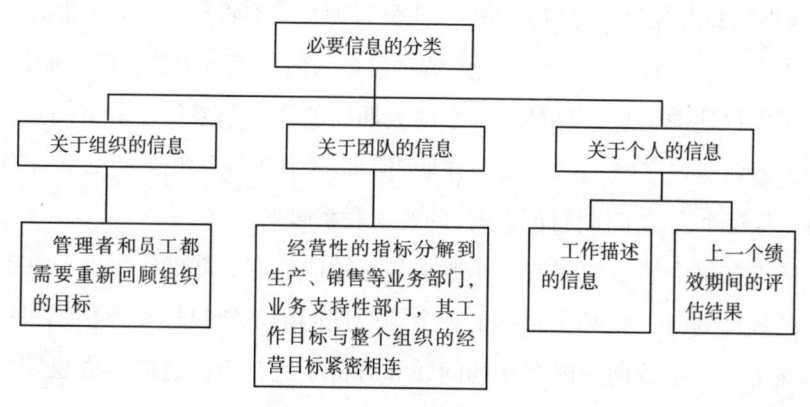

图 4-3　必要信息的分类

①关于组织的信息。为了使员工的绩效计划能够与组织的目标结合在一起，在进行绩效计划会议之前，管理者和员工都需要重新回顾组织的目标，保证在绩效计划会议之前双方已经熟悉了组织的目标。有人认为，关

于整个组织的信息只要高层的管理者了解就可以，其实对于员工来说，了解关于组织发展战略和经营计划的信息也非常必要，而且对组织的信息了解得越多，就越能在自己的工作目标中保持正确的方向。

②关于团队的信息。每个团队的目标都是根据组织的整体目标逐渐分解而来的。不但经营性的指标可以分解到生产、销售等业务部门，对业务支持性部门，其工作目标也与整个组织的经营目标紧密相连。

例如，公司的整体经营目标是：

●将市场占有率扩展到60%。

●在产品的特性上实现不断创新。

●提高产品质量，降低产品成本。

那么，人力资源部作为一个业务支持性部门，在上述整体经营目标之下，部门的工作目标为：

●建立激励机制，鼓励开发新客户、创新、提高质量和降低成本的行为。

●在人员招聘方面，注重在开拓性、创新精神和关注质量方面的核心胜任特质。

●提供开发客户、提高创造性、质量管理和成本管理方面的培训。

③关于个人的信息。关于被评估对象个人的信息中主要有两方面信息，一是工作描述的信息，二是上一个绩效期间的评估结果。在员工的工作描述中，通常规定了员工的主要工作职责，以工作职责为出发点设定工作目标可以保证个人的工作目标与职位的要求联系起来。

员工在每个绩效期间的工作通常是连续的或有关联的，因此，在制订本次绩效计划时，有必要回顾上一个绩效期间的工作目标和评估结果。而且，在上一个绩效期间内存在的问题和有待于进一步改进的方面也需要在本次的绩效计划中得到体现。

（2）准备绩效计划沟通的方式。决定采取何种方式进行绩效计划的沟通也是非常重要的问题。一般来说，采取什么样的方式对绩效计划的内存达成共同的理解，也需要考虑不同的环境因素。例如，企业文化和氛围是什么样的，员工的特点以及所要达成的工作目标的特点有哪些。如果希望

第四章 从学会做计划开始（绩效计划）

借绩效计划的机会向员工做一次动员，那么，不妨召开员工大会。如果一项工作目标与一个小组的人员都有关系，那么可以开一个小组会，在小组会上讨论关于工作目标的问题，这样有助于在完成目标时小组成员之间的协调配合，而且在小组成员合作中可能出现的问题也会及早发现并得到及时解决。

为了真正实现绩效管理的目标，即达成组织的目标并使员工个人的绩效和能力得到提高，就必须在最初的绩效计划沟通时使员工了解绩效管理的目的，了解绩效管理对自己有什么好处，营造一种合作的氛围。如果一个企业第一次使用绩效管理的方法，那么在第一次绩效计划沟通时有必要让员工了解的内容如图4-4所示。

- 绩效管理的主要目的是什么？
- 绩效管理对员工自己、对公司分别有什么样的好处？
- 我们采取的宗旨和方法是什么样的？
- 绩效管理的流程是怎样的？

图4-4 绩效计划沟通时员工应了解的内容

另外，员工需要了解在绩效计划会议中的一些信息，如图4-5所示。

- 绩效计划会议上要完成的工作是什么？
- 经理人员会向员工提供什么？
- 员工自己要提供什么信息？
- 在绩效计划会议上要做出的决策和达成的结果是什么？
- 需要员工做出什么样的准备？

图4-5 员工需要了解在绩效计划会议中的信息

员工对绩效管理的理解可能会存在偏差。因此，在绩效计划沟通会议上要想方设法让员工和管理人员对绩效管理的目标和操作程序达成一种共识,这样才有助于后面的各个环节的操作。

2. 沟通阶段

沟通阶段是整个绩效计划阶段的核心。管理者和员工之间经过充分的交流和协商,对员工在本次绩效期间的绩效目标和绩效标准达成共识。

(1)营造良好的沟通时机和气氛。首先,管理者和员工都应该确定一个专门的时间用于绩效计划的沟通,在这个时间段,双方应该放下手头的工作专心致志地来做这件事情。其次,在沟通的时候避免被其他人打扰。很多情况下,沟通在管理者的办公室进行,那么就应该格外注意,在这段时间内应尽量避免第三者进入,也应避免因接电话而打断谈话。因为意外的打扰会使双方的思路中断,经常要重复"刚才我们说到哪里了"之类的问题,这样会严重影响沟通的效果。最后,沟通的气氛要尽可能放松,不要给人太大的压力。例如,有的管理者选择办公室以外的场所,如咖啡厅作为沟通的环境,这是一个不错的主意。在开始谈话之前,管理者可以为员工倒一杯茶或聊一点轻松的话题,以便起到缓解紧张气氛的作用。

(2)沟通中特别注意的问题。在沟通之前,员工和管理者都应该对几个问题达成共识,如图4-6所示。

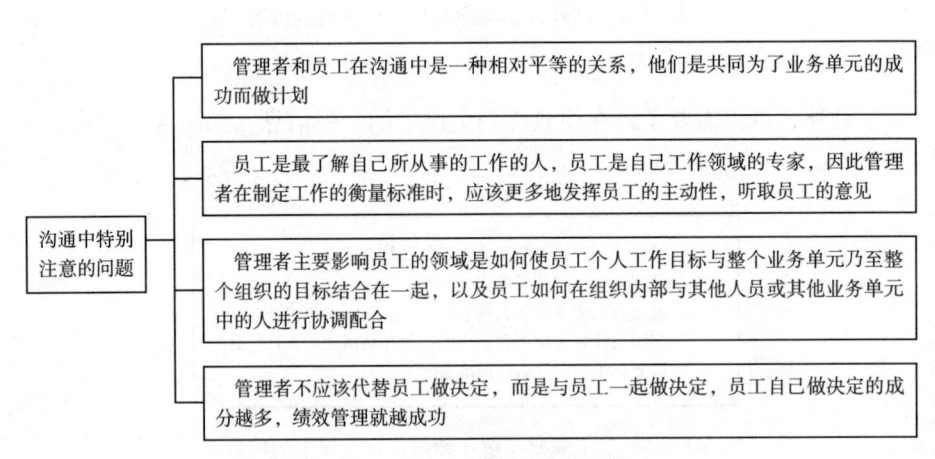

沟通中特别注意的问题	管理者和员工在沟通中是一种相对平等的关系,他们是共同为了业务单元的成功而做计划
	员工是最了解自己所从事的工作的人,员工是自己工作领域的专家,因此管理者在制定工作的衡量标准时,应该更多地发挥员工的主动性,听取员工的意见
	管理者主要影响员工的领域是如何使员工个人工作目标与整个业务单元乃至整个组织的目标结合在一起,以及员工如何在组织内部与其他人员或其他业务单元中的人进行协调配合
	管理者不应该代替员工做决定,而是与员工一起做决定,员工自己做决定的成分越多,绩效管理就越成功

图4-6 沟通中特别注意的问题

(3)沟通的内容。

①员工的工作描述和上一个绩效周期的评估结果。

②员工的工作目标，以及根据工作目标确定关键绩效指标和绩效标准。

③员工实现绩效目标的行动方案。

④讨论主管人员提供的帮助。在绩效计划过程中，主管人员还需要了解员工在完成计划时可能遇到的困难，以及管理者可能提供的帮助。

⑤结束沟通。在沟通快要结束时，管理者要约定下一次沟通时间。

3. 审定和确认阶段

经过周密的计划和深入的沟通后，绩效计划初步成形。但是，仍需管理者与员工就绩效计划的主要内容再次进行讨论和确定，并形成纸制或电子材料，双方签字确认。绩效计划结束时应看到的结果如图 4-7 所示。

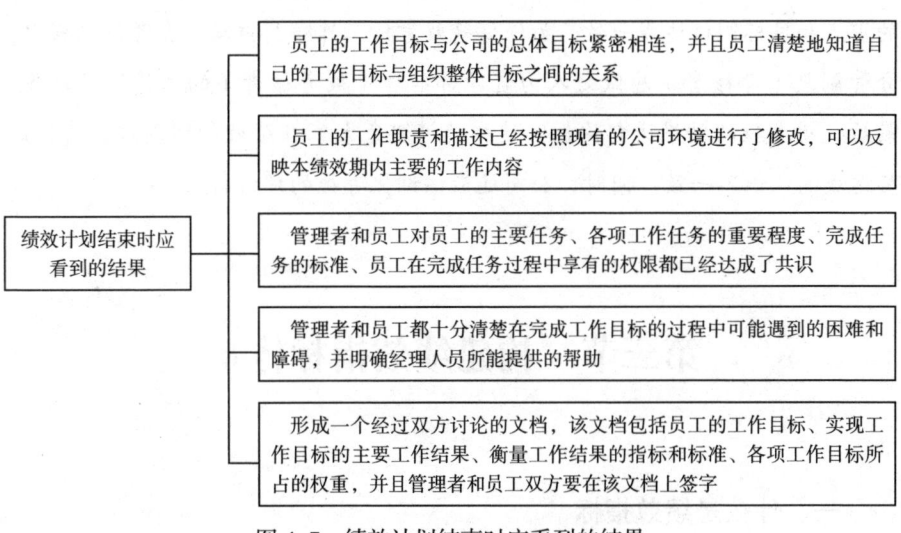

绩效计划结束时应看到的结果：
- 员工的工作目标与公司的总体目标紧密相连，并且员工清楚地知道自己的工作目标与组织整体目标之间的关系
- 员工的工作职责和描述已经按照现有的公司环境进行了修改，可以反映本绩效期内主要的工作内容
- 管理者和员工对员工的主要任务、各项工作任务的重要程度、完成任务的标准、员工在完成任务过程中享有的权限都已经达成了共识
- 管理者和员工都十分清楚在完成工作目标的过程中可能遇到的困难和障碍，并明确经理人员所能提供的帮助
- 形成一个经过双方讨论的文档，该文档包括员工的工作目标、实现工作目标的主要工作结果、衡量工作结果的指标和标准、各项工作目标所占的权重，并且管理者和员工双方要在该文档上签字

图 4-7　绩效计划结束时应看到的结果

案例 4-1　制订工作考核计划时，如何沟通绩效考核目标？

孙某在某大型网络公司担任人力资源部经理，公司推行绩效考核试点，采取重点工作的目标管理方式来进行考核。中层人员的考核计划，考核目标一般直接由分管副总制订，以季度为周期进行考核。2015 年第二季度，孙某主要工作包括：①组织校园招聘。②组织绩效考核方案的试运行。③开展新员工培训。④协调和处理劳资纠纷。本季度末，人力资源部多数工作均出色地完成，只有劳资纠纷处理未能按时完成。总裁办按照直属上级的要求，给出本季度孙某绩效考核结果：考核为 80 分，绩效评价为 C（即绩效工资要扣减 20%）。孙某认为，本季度自己工作认真负责，表现也相当出色，绩效不应该评 C。

那么，制订工作考核计划时，如何沟通绩效考核目标？

【解析】在本案例中，在制订季度考核目标时，人力资源部的考核目标完全由分管副总确定，没有和人力资源部经理沟通，导致孙某对本季度的绩效标准和考核目标并不明确。最终的考核结果，也没有经过沟通。由于对评价标准不清楚，导致孙某对季度考核评价不认可。所以整个过程，对于绩效的沟通是很缺乏的。在绩效目标制订的时候，考核者应该和被考核者就考核的重点和目标制订达成一致。为保证绩效考核工作顺利推动，在考核过程中，分管副总（考核者）应做好人力资源部经理（被考核者）的工作绩效辅导。最后，对考核的结果进行沟通。这样就可避免大家在绩效计划制订、绩效目标达成的认识不一致。同时，公司还应该细化考核的评价标准。

第三节　构建绩效指标体系

一、什么是绩效指标

绩效指标是绩效计划中用以衡量目标达成效果的指数和标准，绩效指标也称绩效评价指标或绩效考核指标。在评价过程中，企业往往需要对评价对象的不同方面进行评估，绩效指标内容如表 4-2 所示。

表 4-2　绩效指标内容举例

评价对象	评价指标
企业	经济效益、市场地位、客户关系、员工关系、股东关系等
员工	销售额、回款率、顾客满意度等

绩效指标在绩效管理过程中扮演了双重角色，一方面可以用于衡量绩效目标的达成情况；另一方面可以指引管理决策和员工的行为。为了保证组织成员对绩效指标达成共识，形成统一的认识并能够有效、规范地操作，许多组织都在绩效指标库的基础上，对每一个指标建立了指标卡。通常指标卡由指标描述和指标衡量两大模块组成，每个模块又包含若干栏目，如表4-3所示。

表4-3 指标卡模板

指标描述			
指标名称		责任部门/人	
所在层面		衡量目标	
指标解释			
计算公式			
指标衡量			
评价周期		评价主体		数据来源	
绩效基数		目标值		计算单位	
等级描述			分值
评分标准	S:		90分及以上
	A:		80~89分
	B:		70~79分
	C:		60~69分
	D:		59分以下
备注			

二、绩效指标的特点

有效的绩效指标的特点如图4-8所示。

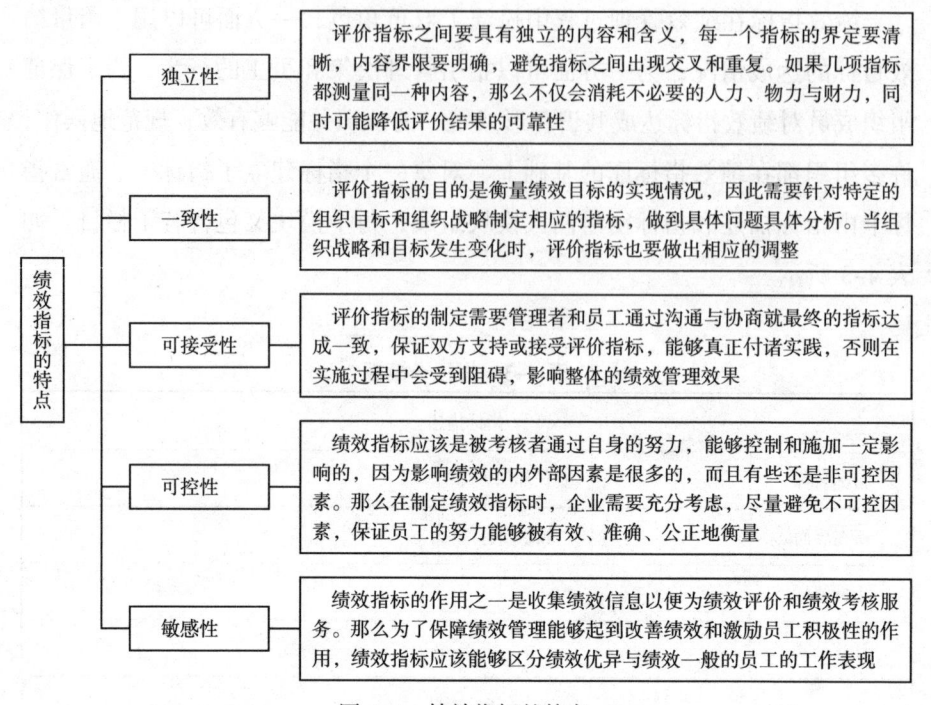

```
绩效指标的特点
├─ 独立性 ── 评价指标之间要具有独立的内容和含义，每一个指标的界定要清晰，内容界限要明确，避免指标之间出现交叉和重复。如果几项指标都测量同一种内容，那么不仅会消耗不必要的人力、物力与财力，同时可能降低评价结果的可靠性
├─ 一致性 ── 评价指标的目的是衡量绩效目标的实现情况，因此需要针对特定的组织目标和组织战略制定相应的指标，做到具体问题具体分析。当组织战略和目标发生变化时，评价指标也要做出相应的调整
├─ 可接受性 ── 评价指标的制定需要管理者和员工通过沟通与协商就最终的指标达成一致，保证双方支持或接受评价指标，能够真正付诸实践，否则在实施过程中会受到阻碍，影响整体的绩效管理效果
├─ 可控性 ── 绩效指标应该是被考核者通过自身的努力，能够控制和施加一定影响的，因为影响绩效的内外部因素是很多的，而且有些还是非可控因素。那么在制定绩效指标时，企业需要充分考虑，尽量避免不可控因素，保证员工的努力能够被有效、准确、公正地衡量
└─ 敏感性 ── 绩效指标的作用之一是收集绩效信息以便为绩效评价和绩效考核服务。那么为了保障绩效管理能够起到改善绩效和激励员工积极性的作用，绩效指标应该能够区分绩效优异与绩效一般的员工的工作表现
```

图 4-8　绩效指标的特点

三、绩效指标的类型

1. 硬指标和软指标

（1）硬指标。硬指标是指将统计数据作为主要评价信息，在此基础上建立数学模型，并用数量来表示评价结果的评价指标。当处理数据较为复杂时，可以借助电子计算机来完成，从而有助于提高评价结果的可信度与准确性。

硬指标的优点在于，它具有一定的客观性和可靠性，因为硬指标在一定程度上避免了个人的主观判断与经验的影响，充分建立在客观的数据之上。但是，硬指标的使用也具有一定的局限性。在评价过程中，其没有吸收个人的主观判断，导致评价缺乏灵活性。另外，如果评价所依赖的数据不够准确，评价结果就不够可靠和客观。

（2）软指标。软指标是指通过评价者的主观判断对员工进行评价，并得出评价结果的评价指标。这种评价指标往往依赖于评价者的丰富经验与知识，容易受到各种因素的干扰，所以实际操作需要多个评价主体共同得出一个结论，使得评价结果更加完善。软指标的优缺点如图4-9所示。

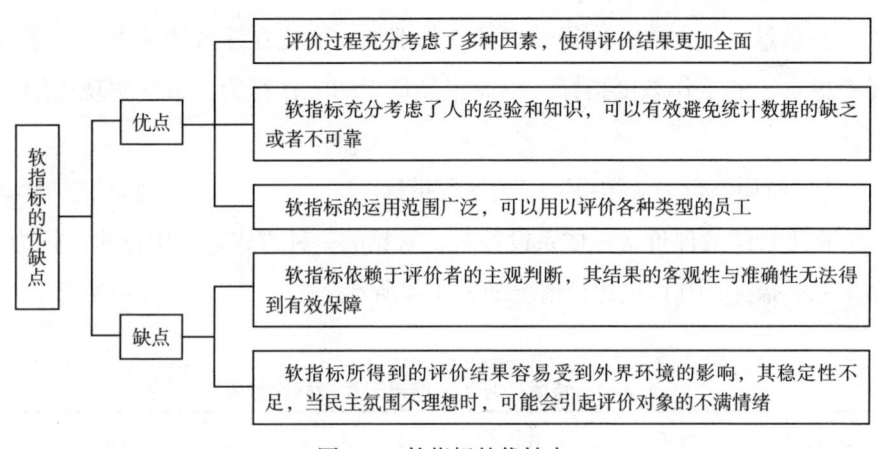

```
                    ┌─── 评价过程充分考虑了多种因素，使得评价结果更加全面
             ┌─优点─┼─── 软指标充分考虑了人的经验和知识，可以有效避免统计数据的缺乏
             │     │    或者不可靠
软指标的优缺点─┤     └─── 软指标的运用范围广泛，可以用以评价各种类型的员工
             │     ┌─── 软指标依赖于评价者的主观判断，其结果的客观性与准确性无法得
             └─缺点─┤    到有效保障
                    └─── 软指标所得到的评价结果容易受到外界环境的影响，其稳定性不
                         足，当民主氛围不理想时，可能会引起评价对象的不满情绪
```

图4-9　软指标的优缺点

硬指标和软指标都存在一定的不足，所以在实际操作中，企业往往将两者结合使用，扬长避短以充分发挥各自的优势。当评价数据容易取得时，企业可以更多地使用硬指标，将软指标作为补充；而当评价数据较为缺乏且工作内容不易量化时，企业需以软指标为主，以硬指标为辅来进行绩效评价。

2.工作业绩、工作能力和工作态度评价指标

（1）工作业绩评价指标。工作业绩评价指标用以衡量工作行为的结果。在设计该类指标时，企业通常将指标分为数量指标、质量指标、工作效率指标和成本费用指标四大类。工作业绩指标的优点在于容易进行衡量、客观性较强并且与企业的经济效益有直接关联，不过在考核时，可能存在短期化行为。

（2）工作能力评价指标。不同职位有不同的职责要求，对员工有不同的能力要求。为了能够真正完整地评价员工的绩效，企业需要在考核指标

体系中加入工作能力的考核指标，其表现形式包括身体条件指标、工作经验指标、业务能力和技巧指标以及业务知识水平指标。

（3）工作态度评价指标。工作态度会影响工作行为，不同的工作态度会产生不一样的工作结果。比如，有的人具有很强的工作能力，但对待工作敷衍了事，不能达到较高的工作业绩；有的人工作能力一般，但对待工作勤勤恳恳，往往能够取得较好的工作业绩。所以在绩效评价中，企业需要考虑员工的工作态度指标，以此指导员工的工作行为，最终实现组织的目标。

3."特质、行为、结果"三类评价指标

在进行绩效评价指标体系设计时，常见的一种方式是运用特质、行为、结果三类指标，其详细比较情况如表4-4所示。

表4-4 特质、行为、结果三类指标比较表

项目	特质	行为	结果
适用范围	适用于对未来的工作潜力做出预测	适用于考核可以通过单一的方法，或程序化的方式实现绩效标准或绩效目标的岗位	适用于考核那些可以通过多种方式达到绩效标准或绩效目标的岗位
不足	●没有考虑情景因素，通常预测度较低 ●不能有效地区分实际工作绩效、员工易产生不公平感 ●将注意力集中在短期内难以改变的人的特质上，不利于改进绩效	●需要对那些同样能够达到目标的不同行为方式进行区分，以选择真正适合组织需要的方式，这一点是十分困难的 ●当员工认为其工作重要性较小时，意义不大	●结果有时不完全受考核对象的控制 ●容易使考核对象为了达到一定的结果而不择手段，使组织在获得短期利益的同时丧失长期利益

四、绩效指标体系的设计

1.绩效指标体系的设计原则

绩效指标体系是由一系列的指标组成，具有一定的层次结构。绩效指标包括组织绩效指标、部门绩效指标和个人绩效指标三个层次。为了实现各个层次指标的有效整合，企业在设计指标时需要遵循一些原则。

（1）坚持"少而精"原则。在设计绩效指标时，所选取的指标需要具有代表性，并不需要面面俱到，一定要避免结构的复杂化。过于复杂的指标体系，一方面会造成工作效率的低下，不便于对关键绩效指标的监控，绩效信息的收集、处理过程较为烦琐；另一方面，不利于对绩效评价技术的掌握，会导致绩效沟通不顺畅、绩效管理不易得到认可。

（2）坚持"以定量指标为主，以定性指标为辅"原则。绩效指标的量化原则，是绩效指标设计的首要原则，因为量化的指标可以提高绩效评价的客观性与准确性，使得评价结果更易得到评价对象的认可。在实际操作过程中，通过战略目标分解的绩效指标必须坚持量化，但是一些来自具体职责规定的绩效指标是很难量化的，因此需要一定的定性指标作为辅助。当然，一些定性指标可以运用数学工具进行适当的处理，使得定性指标可以量化，以保证评价结果的准确性与可信性。

2.绩效指标的设计方法

绩效指标的设计方法如图4-10所示。

```
                    ┌─ (1) 个案研究法 ── 个案研究法是指通过对个人、群体或组织进行调查研究，并依据典型个案得出普遍规律的研究方法
                    │
                    ├─ (2) 工作分析法 ── 工作分析法是对工作本身进行分析的过程，它是确定完成一项工作所必须履行的责任和具备的知识及技能
绩效指标              │
的设计  ──────────────┼─ (3) 问卷调查法 ── 问卷调查法是最为普遍的一种调查方法。将所需调查的问题、填表说明呈现在一张调查表上，选好调查对象后将问卷分发并回收，最后对收集的信息进行分析和总结
方法                 │
                    ├─ (4) 专题访谈法 ── 专题访谈法是通过调查者和被调查者面对面的交谈来获得有关信息的方法，该研究法包括个别访谈法和群体访谈法两种
                    │
                    └─ (5) 经验总结法 ── 经验总结法由多名专家对个人的经验进行总结并归纳出普遍规律的研究方法
```

图4-10 绩效指标的设计方法

（1）个案研究法。个案研究法是指通过对个人、群体或组织进行调查研究，并依据典型个案得出普遍规律的研究方法。典型人物研究与资料研究是最常见的两大类。其中典型人物研究是对典型人物的工作绩效、行为表现、工作情境进行系统观察和分析研究，在此基础上归纳总结所研究群体的评定要素。资料研究是通过对典型人物的文字资料进行总结与分析，最后归纳出评定要素。

（2）工作分析法。工作分析就是对工作本身进行分析，它是确定完成一项工作必须履行的责任和具备的知识及技能的过程。工作分析的结果是得到工作描述和任职资格，其中工作描述包括工作性质、工作职责、工作条件、工作的物理环境和社会环境等；任职资格包括员工完成工作所需的工作经验、技能、知识、教育程度等。

企业在以制定绩效指标为目的的工作分析中，首先对某一具体职位进行分析，确定完成工作所需具备的能力和工作职责，然后选取合适的指标来衡量员工工作能力和工作职责，并且要指出这些能力、指标的相对重要性。

（3）问卷调查法。问卷调查法是最为普遍的一种调查方法。设计者根据研究目的，将所需调查的问题、填表说明呈现在一张调查表上，选好调查对象后将问卷分发并回收，最后对收集的信息进行分析和总结得到绩效指标。问卷所包含的问题要适量、简明易懂，以免影响调查质量和问卷的回收率。

问卷调查法按照答案形式可分为开放式问卷和封闭式问卷两种，其中封闭式问卷又可分为是非法、选择法、排列法、计分法四种。封闭式问卷类型举例如表4-5所示。

表4-5　封闭式问卷类型举例

类型	操作定义	例子
是非法	问卷列出若干问题，被调查者做出"是"或"否"的回答	管理者需要具备较强的组织协调能力吗？ □是　□否
选择法	被调查者必须从并列的两种假设提问中选择一项	对销售人员而言，最重要的工作能力是沟通能力（　） 对销售人员而言，最重要的工作能力是抗压能力（　）

续表

类型	操作定义	例子
排列法	被调查者对多种可供选择的方案按其重要程度进行排序	一名优秀的主管应具有沟通能力、协调能力、团队领导能力、丰富的专业知识、高度的责任心，请根据这五大特征的重要性进行排序
计分法	问卷列出几个等级分数，要求被调查者进行判断选择	您认为创新能力对工作的重要性： □非常重要　□重要　□比较重要 □不太重要　□非常不重要

（4）专题访谈法。专题访谈法是通过调查者和被调查者面对面的交谈来获得有关信息的方法。该研究法包括个别访谈法和群体访谈法两种。它能够直接、快速地获取信息，例如，通过与组织各部门的主管、人力资源部门人员、某个职位的员工等进行沟通与交流以获取绩效指标。专题访谈的内容主要围绕以下三个问题展开：

- 你认为担任某职位的员工最基本的要求是什么？
- 某职位的工作的主要特点是什么？
- 检验某职位工作成效的主要指标是什么？

（5）经验总结法。经验总结法是由多名专家对个人的经验进行总结并归纳出普遍规律的研究方法。一般根据参与人数将其分为个人总结法和集体总结法。例如，针对人力资源岗位使用个人总结法得到绩效指标的方法是人力资源专家或人力资源部门人员对过去的工作进行回顾，分析自己最成功或最不成功的人力资源决策来总结经验。集体总结法是通过多名人力资源专家或有关部门的主管（6~10人）共同回顾以往工作，对绩效优秀和绩效一般人员的差异进行比较，罗列出用于评价某类人员常用的指标，在此基础上提炼出绩效指标。

3.绩效指标体系设计的步骤

绩效指标体系设计的步骤如图4-11所示。

设计绩效指标库 ➡ 各职位选择不同的指标 ➡ 绩效指标的权重设计

图4-11　绩效指标体系设计步骤

（1）设计绩效指标库。企业首先需要根据组织目标和组织战略，建立一个绩效指标库，当然，该指标库不可能涵盖最终每一个需要评价职位的所有指标，许多指标都是在层层分解的过程中，根据实际需要并结合职位的特点而确定，然后补充到指标库里。

（2）各职位选择不同的指标。管理者和员工根据自身的工作职责与绩效标准，从绩效指标库内选择合适的绩效指标。在实际操作中，主要有两种绩效指标体系设计方式，一种是按不同的层级进行纵向设计，另一种是按不同的职能特点进行横向设计。

①按不同层级的纵向设计。一个企业，无论是什么类型、规模有多大，都存在一定的管理层级，一般可以划分为组织、部门和个人三个层次，在个体层面也可以区分为高层、中层和基层。在纵向上，组织的目标自上而下层层分解和承接，组织、部门和个人的目标存在一定关联性，相应的绩效指标也有逻辑关系，每个部门和个人都有自己的特定职责和任务，所以也存在一些与其他指标没有必然联系的个性化指标。

②按不同职能特点的横向设计。不同的企业在职位类别的分类上存在一些差异，最为常见的职位类型有生产类、销售类、研发类、职能管理类、工程技术类、行政事务类等。常见的职能等级有经理、部长、主管、主办、操作工人等。在企业中建立一个明确的职位系列是按职位职能标准进行绩效管理的前提。在分层分类评价时，不一定完全按照职位系列来进行，通常我们会对一些比较复杂的职位进行合并。组织根据自身的规模和实际情况来进行职位分层，根据组织的生产经营对人员类别的需要来确定职位分类。表4-6是一份用于分级分类评价的绩效指标。

表 4-6 分级分类评价的绩效指标汇总表

指标类别	考核指标	人员类别											
		生产人员			销售人员			研发人员			职能管理人员		
		经理	主管	主办	经理	主管	主办	经理	主管	主办	经理	主管	主办
工作业绩	工作数量												
	工作质量												
	工作效率												
	目标完成程度												
工作能力	业务知识												
	执行能力												
	理解能力												
	文字表达能力												
	计算机操作能力												
	规划能力												
	组织领导能力												
	沟通协调能力												
	管理创新能力												
	公共关系能力												
	培养下属能力												
工作态度	全局意识												
	责任感												
	纪律性												
	积极性												
	培养下属意识												
	自我开发意识												

（3）绩效指标的权重设计。绩效指标的权重设计是指对各项绩效指标的相对重要程度进行设计，是一项非常重要且具有较高技术要求的工作。绩效指标的重要程度的影响因素很多，其中主要包括三个方面，即绩效评价的目的、评价对象的特征和组织文化倡导的行为或特征。在考虑了各种影响因素之后，企业就需要选取合适的设计方式来设计权重系数，如图4-12所示。

```
                    ┌─ 经验判定法 ──── 最为简便的确定方法，效率高、成本低、容易被认可

权重设计的方法 ──┼─ 权值因子判断表法 ── 评判专家组制定和填写权值因子判断表，并根据各个专家所填写的权值因子判断表来确定权重的方法

                    └─ 倍数加权法 ──── 由考核人员对需要考核的要素进行排序并选出一个最次要的要素作为参考要素，将其他要素与该要素相比，得出重要性的倍数，最后进行权重的计算
```

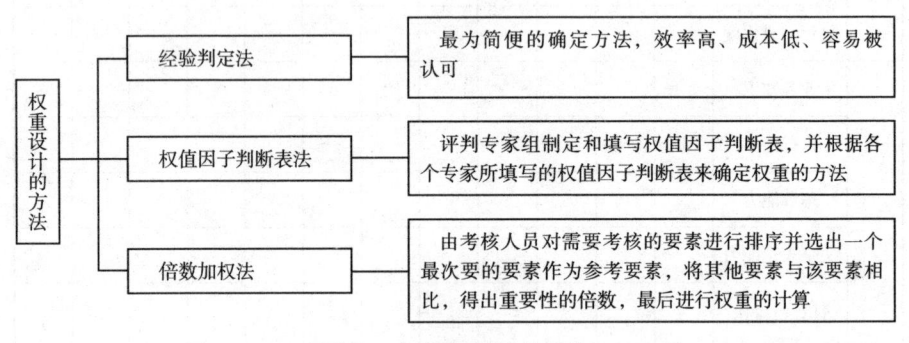

图4-12　权重设计的方法

①经验判定法。这是最为简便的确定方法，它依赖于决策者自身的经验，对各项绩效指标的重要程度进行自行判断并确定权重系数。有时候也可以由集体进行决策，即每位专家对绩效指标进行打分，然后取平均值。

该方法决策效率高、成本低、容易被认可，但是所获得的信息往往带有片面性，并且对决策者的能力要求较高。

②权值因子判断表法。权值因子判断表法是指评判专家组制定和填写权值因子判断表，并根据各个专家所填写的权值因子判断表来确定权重的方法。该方法的具体操作步骤如下：

成立评价的专家组。组成人员主要包括人力资源专家、评价专家和其他相关人员，根据不同的评价对象和目的，可以构成不同的专家小组。

制定绩效指标权值因子判断表，如表4-7所示。

表 4-7　权值因子判断表

评价指标	指标 1	指标 2	指标 3	指标 4	……	指标 n
指标 1						
指标 2						
指标 3						
指标 4						
……						
指标 n						

专家填写权值因子判断表。专家将行因子与列因子进行比较，若采用四分制，非常重要的指标为 4 分，比较重要的指标为 3 分，同样重要的指标为 2 分，不太重要的指标为 1 分，相对很不重要的为 0 分。

对各专家所填写的判断表进行统计，并将统计结果折算为权重，如表 4-8 所示。

表 4-8　权值因子计算表

评价指标	考核人员								评分总计	平均评分	权重	调整后权重
	1	2	3	4	5	6	7	8				
指标 1	15	14	16	14	16	16	15	16	122	15.250	0.2541	0.25
指标 2	16	8	10	12	12	12	11	8	89	11.125	0.1854	0.20
指标 3	8	6	5	5	6	7	9	8	54	6.750	0.1125	0.10
指标 4	8	10	10	12	12	11	12	8	83	10.375	0.1729	0.20
指标 5	5	6	7	7	6	5	5	8	49	6.125	0.1020	0.10
指标 6	8	16	12	10	8	9	8	12	83	10.375	0.1729	0.15
合计	60	60	60	60	60	60	60	60	480	60.000	1.0000	1.00

③倍数加权法。倍数加权法是由考核人员对需要考核的要素进行排序并选出一个最次要的要素作为参考要素，将其他要素与该要素相比，得出重要性的倍数，最后进行权重的计算。具体步骤为：对各考核要素进行比较，从中选取出最次要的要素，并赋值为 1；将剩余的考核要素与参考要素进行比较，并确定其重要性的倍数。比如，对营销人员的考核要素（品德素养、工作经验、智力素质、推销技巧、销售量、信用）进行比较，假设

智力素质是最次要的，如表 4-9 所示。将所有要素的重要性倍数加总，将各考核要素的倍数与总的倍数相除，并将结果转化为百分数，即为各考核要素的权重。

表 4-9 倍数加权法举例

考核要素	与智力素质的倍数关系	权重（%）
品德素养	3	17.6
工作经验	2	11.8
智力素质	1	5.9
推销技巧	4	23.5
销售量	5	29.4
信用	2	11.8
合计	17	100.0

注 表中考核要素与智力素质的倍数关系仅作教学使用，不具备代表性，应用中应根据实际情况进行填写。

案例 4-2 可量化的绩效指标是怎么回事？

某公司设置绩效指标时给各部门设置了一项培训计划完成率，要求在规定的时间内，部门需要按照年初制订的培训计划来实施培训。

有的部门与当初培训计划制订的时候相比，条件已经发生改变，部门内部员工近期也都忙于工作，但是指标已经制定好了，为了完成指标，硬着头皮也要培训。实际上，这样的培训缺乏目的性和必要性，效果往往很差，既浪费了员工的时间，又增加了企业的管理成本，得不偿失。可是从量化结果上看，却完成了指标。

对于这种情况，你有什么看法？

【解析】不是所有的指标都具备能够被量化的特点，只有当绩效指标可以被量化、相对容易被量化、相对容易被测量的时候，量化指标才是有必要的。如果不具备量化指标的特点，硬要量化，结果将会演变成为量化而量化、为了绩效考核而绩效考核，绩效管理最终会演变成一种形式，而不是成为帮助企业解决问题、实现目标的工具。

当然，绝不是说量化指标不好，或是企业绩效管理不需要重视量化指标，而是需要绩效管理人员在设置绩效指标的过程中，不能过分强调量化指标的作用，也不能把一些原本不需要量化的指标硬变成量化的指标。

用过于复杂的方法去追求绩效指标量化的绩效管理方法是没有意义的。实际上，一个称职的直属上级最了解员工的绩效情况。绩效管理人员在设置绩效指标时，要尊重直属上级的主观评价的作用，也要尊重行为类指标的作用。

【答疑解惑】

问：考核指标多一些好，还是少一些好？

【解答】企业在设计考核指标的过程中，经常会因为确定指标的数量犯难。在考核员工岗位的工作中，会认为这也是重点，那也是关键，汇总下来发现岗位要考核的指标很多，会认为考核起来太麻烦；但如果把指标减少，又担心员工不会完成没有考核部分。这让人力资源部门和考核者左右为难。

出现这种情况的根源在于：一是忽略了绩效管理的目的。绩效管理是为实现企业战略目标，持续提升企业和部门、员工绩效所做的一项管理活动，而不是把员工的所有工作过程和结果通过测量考核监督起来，没有必要将员工的所有工作进行考核，否则，管理成本就会大幅上升，得不偿失。二是忽视了绩效考核的重点，也就是被考核岗位对于企业和部门整体目标实现的关键价值输出要明确。

如果对一个岗位设置太多的指标，考核者会发现，到月底评价，可能员工考核评分比较低，但印象中，被考核的员工的工作表现很出色。这是因为经理人迷失在考核指标的丛林中，忽视了岗位的关键指标。因为指标增加，指标权重自然就会分散，导致重点不突出。

指标设计应坚持两个原则：一是能用少量指标衡量岗位关键价值，决不多用，以考核管理成本投入最佳化为根本；二是重点在结果考核，有些工作的结果和过程之间是存在因果关系的，考核一个就可以把两个以上的工作都兼顾到。例如，对于营销员的考核，设置销售额任务考核指标，就不用再考核出差时长或拜访客户次数，除非员工意识不到需要通过拜访客户来完成销售工作。

第五章　好业绩是干出来的
（绩效实施与控制）

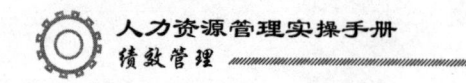

第一节　绩效监控

一、什么是绩效监控

绩效监控是对员工完成绩效计划过程中具体的工作实行监督与管理，保证企业绩效目标实现的全过程。要了解绩效监控，首先要了解管理者实施绩效监控时应完成的工作任务。实施绩效监控应完成的工作任务，如图 5-1 所示。

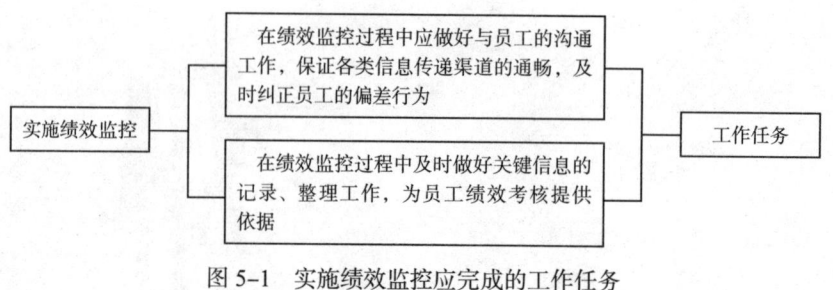

```
                  ┌─ 在绩效监控过程中应做好与员工的沟通 ─┐
                  │   工作，保证各类信息传递渠道的通畅，及  │
实施绩效监控 ─────┤   时纠正员工的偏差行为                  ├───── 工作任务
                  │                                         │
                  └─ 在绩效监控过程中及时做好关键信息的 ───┘
                      记录、整理工作，为员工绩效考核提供
                      依据
```

图 5-1　实施绩效监控应完成的工作任务

二、绩效监控的目的和内容

绩效监控始终关注员工的工作绩效，旨在通过提高个体绩效水平来改进部门和组织的绩效。一名优秀的管理者必须善于通过绩效监控，采用恰当的领导风格，进行持续有效的沟通，指导下属的工作，提高其绩效水平。因此，对管理者而言，其管理水平和对下属的辅导水平，往往构成对其绩效考评的一个重要方面。

绩效监控的内容一般是在确定的绩效周期内员工对绩效计划的实施和完成情况，以及这一过程中的工作态度和工作行为。因此，管理者绩效监控的具体内容就是绩效计划环节中确定的考评要素、考评指标和绩效目标，而监控过程中得到的信息正是绩效周期结束时绩效考评阶段所需要的。这样绩效监控与前面的绩效计划环节和后面的绩效考评阶段在内容上保持一致，保证了整个绩效管理系统的有效性。由此可知，对不同性质的组织、不同类型的部门、不同特点的职位、不同层级的管理者而言，绩效监控的具体内容并不是固定统一的，而是根据实际工作的不同而具体确定的。但在绩效管理过程中，不同管理者针对具体工作和下属员工实施绩效监控的过程中也有一些共通之处，这些就是绩效监控的关键点。

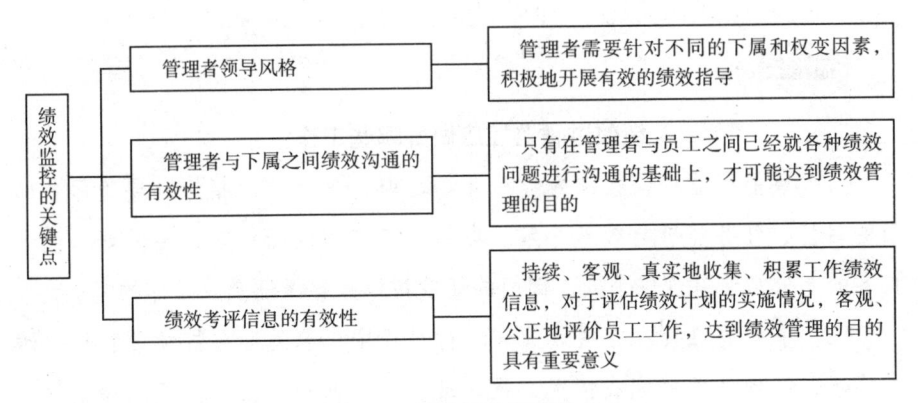

三、绩效监控的关键点

绩效监控的关键点如图 5-2 所示。

绩效监控的关键点	说明
管理者领导风格	管理者需要针对不同的下属和权变因素，积极地开展有效的绩效指导
管理者与下属之间绩效沟通的有效性	只有在管理者与员工之间已经就各种绩效问题进行沟通的基础上，才可能达到绩效管理的目的
绩效考评信息的有效性	持续、客观、真实地收集、积累工作绩效信息，对于评估绩效计划的实施情况，客观、公正地评价员工工作，达到绩效管理的目的具有重要意义

图 5-2 绩效监控的关键点

1. 管理者领导风格

在绩效监控阶段，管理者要选择合适的领导风格及绩效辅导方式指导下属工作。因此，管理者需要针对不同的下属和权变因素，积极地开展有效的绩效指导。不会指导下属的管理者不是有效的管理者，不愿指导下属的管理者是最差的管理者。从某种意义上说，绩效监控过程就是管理者采取合适的领导合格，影响下属工作状态的过程。

2. 管理者与下属之间绩效沟通的有效性

在绩效监控阶段，管理者与下属之间能否做好绩效沟通，是决定绩效管理能否发挥作用的重要因素。只有在管理者与员工之间已经就各种绩效问题进行沟通的基础上，才可能达到绩效管理的目的。没有了绩效沟通，绩效管理就只剩下纸面上的计划和考评，完全失去了存在的意义。

3. 绩效考评信息的有效性

绩效监控过程是整个绩效管理周期中历时最长的过程，在这一过程中持续、客观、真实地收集、记录员工的工作绩效信息，对于评估绩效计划的实施情况，客观、公正地评价员工工作，达到绩效管理的目的具有重要意义。如果这一过程中，绩效计划不在具体的工作实践中进行有效的调整、修订、落实和完成，这些工作的信息得不到及时、有效的整理、记录和积累，后面的绩效考评工作就会走到"就人评人"的老路上去，整个绩效管理和考评系统的失败不可避免。

温馨提示

绩效过程监控应做好哪些工作？

（1）事前的监控。在绩效考核开始之前，确定绩效指标时要确保各部门的目标、任务能够有效地分解。在初步确定绩效指标时，要做好与被考核人的充分沟通，确保个人、部门的绩效指标能够保证企业目标的完成。

（2）事中的监控。在绩效管理运行过程中，要随时监控绩效指标的达成情况、绩效任务的完成情况，及时地总结、回顾、汇报并修正绩效管理中存在的问题。对于需要调整的绩效指标、绩效任务或工作方法，要根据需要及时调整。

（3）事后的监控。绩效考核结束，要综合企业、部门或个人对年度、季度、月度的绩效完成情况，找出差距和原因，对企业有利的方法或行为要及时推广，对企业不利的方法或行为要及时纠正。

第二节　绩效辅导

一、什么是绩效辅导

绩效辅导就是在绩效监控过程中，管理者根据绩效计划，采用恰当的领导风格，对下属进行持续的指导，确保员工工作不偏离组织战略目标，并提高其绩效周期内的绩效水平以及长期胜任素质的过程。要想成为一名合格的指导者，并不需要成为该领域的专家。对员工进行指导关注的基本问题是帮助员工学会发展自己。通过监控员工的工作过程，发现员工存在的问题，及时对员工进行指导，培养其工作中所需的技巧和能力。优秀的管理者应该在以下三个层次上发挥作用：

（1）与员工建立一对一的密切联系，向他们提供反馈，帮助员工制定能"拓展"他们目标的任务，并在他们遇到困难时提供支持。

（2）营造一种鼓励员工承担风险、勇于创新的氛围，使他们能够从过去的经验中学习。这包括让员工反思他们的经历并从中获得经验，从别人身上学习，不断进行自我挑战，并寻找学习新知识的机会。

（3）为员工提供学习机会，使他们有机会与不同的人一起工作。把他们与能够帮助其发展的人联系在一起，为他们提供新的挑战性的工作，以及接触某些人或情境的机遇，而这些人或情境是员工平时很难接触的。

二、绩效辅导的时机和方式

1. 辅导时机

为了对员工进行有效的辅导，帮助员工发现问题、解决问题，更好地实现绩效目标，管理者必须掌握进行辅导的时机，确保及时、有效地对员工进行指导。一般来说，在如图5-3所示时间进行指导会获得较好的效果。

对员工进行指导时，管理者需要获得关于他们绩效的信息。持续的监督有助于管理者获得反映员工绩效所必需的信息。监督不是一种被动行为或一项偶尔为之的活动，而是通过使用一种（或几种）特定的方法收集所需数据，如关键事件记录法等，使管理者获得足够的信息，确保管理者的指导有的放矢。

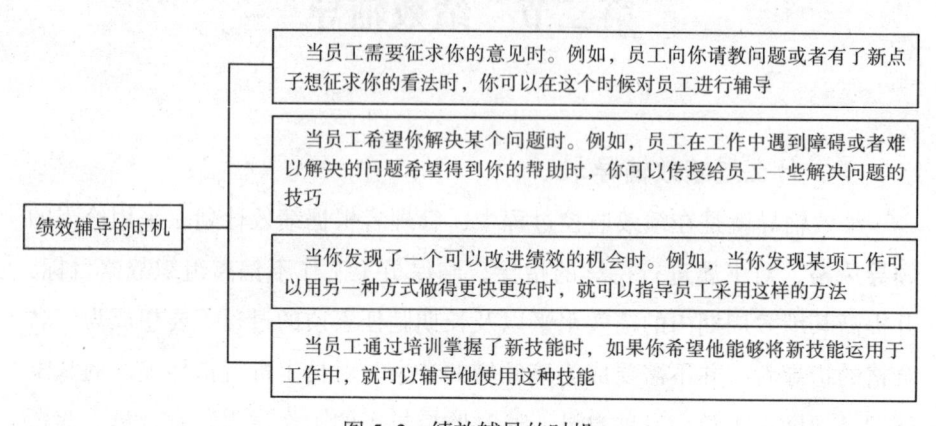

绩效辅导的时机：
- 当员工需要征求你的意见时。例如，员工向你请教问题或者有了新点子想征求你的看法时，你可以在这个时候对员工进行辅导
- 当员工希望你解决某个问题时。例如，员工在工作中遇到障碍或者难以解决的问题希望得到你的帮助时，你可以传授给员工一些解决问题的技巧
- 当你发现了一个可以改进绩效的机会时。例如，当你发现某项工作可以用另一种方式做得更快更好时，就可以指导员工采用这样的方法
- 当员工通过培训掌握了新技能时，如果你希望他能够将新技能运用于工作中，就可以辅导他使用这种技能

图 5-3　绩效辅导的时机

2. 辅导方式

每个人都有一种天生的或者具有倾向性的辅导风格，但为了取得满意的指导效果，必须采用权变观点，根据具体情况采用不同的风格来进行指导。管理者需要了解自己的指导风格以及应用时机，这样才能使管理者对员工的指导更加有效。常见的辅导方式如图 5-4 所示，对于不同类型的员工可以酌情予以使用。

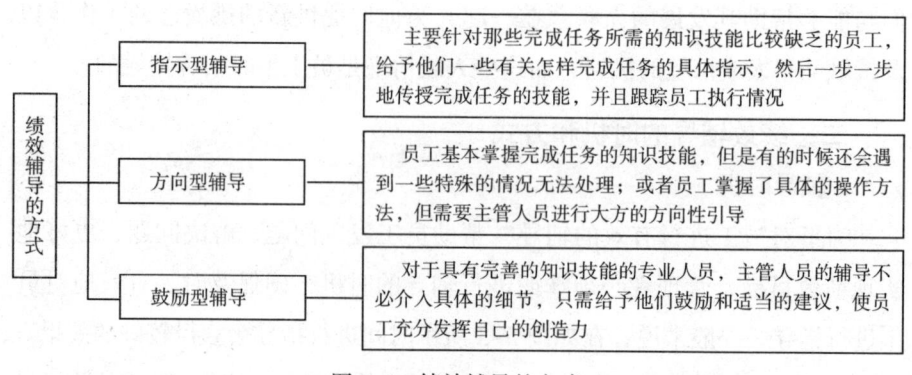

绩效辅导的方式：
- 指示型辅导：主要针对那些完成任务所需的知识技能比较缺乏的员工，给予他们一些有关怎样完成任务的具体指示，然后一步一步地传授完成任务的技能，并且跟踪员工执行情况
- 方向型辅导：员工基本掌握完成任务的知识技能，但是有的时候还会遇到一些特殊的情况无法处理；或者员工掌握了具体的操作方法，但需要主管人员进行大方的方向性引导
- 鼓励型辅导：对于具有完善的知识技能的专业人员，主管人员的辅导不必介入具体的细节，只需给予他们鼓励和适当的建议，使员工充分发挥自己的创造力

图 5-4　绩效辅导的方式

第五章 好业绩是干出来的（绩效实施与控制）

三、绩效辅导的流程

管理者进行绩效辅导时，先要对员工的工作方法、结果进行及时的评价。这种评价是非正式的，主要是通过描述具体的行为、数据来对照目标进行反馈，提出这些行为、数据可能的影响与后果，在此基础上进行辅导。对于高层员工而言，这种辅导更多的是提出建设性建议；而对于基层的员工来说，更多的是管理者的亲自演示与传授。绩效辅导流程如图 5-5 所示。

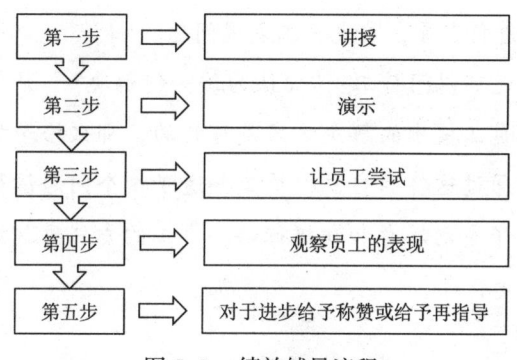

```
第一步  ⇒  讲授
   ↓
第二步  ⇒  演示
   ↓
第三步  ⇒  让员工尝试
   ↓
第四步  ⇒  观察员工的表现
   ↓
第五步  ⇒  对于进步给予称赞或给予再指导
```

图 5-5　绩效辅导流程

案例 5-1　什么是正确的绩效辅导？

B 企业是一家新成立的食品公司，由于是初创公司，十分重视市场的开拓。为保证每月销售业绩的实现，销售部经理很关注员工的工作。

在指导员工开展业务的过程中，经理发现，虽然员工都很努力，但在与客户谈判和签订合同期间，总会出现这样或那样的问题。每当员工出现问题时，经理都会亲自上阵与客户谈判，事后也不会与员工交流心得。

虽然比起下属，经理更能把握客户，但这样也使得经理一心只关注销售工作而忽略了其他方面的管理，同时员工没有得到进步，销售业绩也没有太大的起色。

请问，该经理的做法存在哪些问题？

【解析】管理者要明白，辅导的原则是协助，而不是干预或自己处理。

在管理者辅导员工的过程中，应以员工为主，让员工自己思考和动手。没有思考就意味着失去了对问题的反思，没有动手就意味着失去了实践的机会，能力提升自然无从谈起。

在沟通辅导中，员工是否在听，管理者无法控制。但可以通过提问来了解员工的真实想法。一位员工在工作中遇到了难题，现寻求你的帮助，你不应该直接告诉他如何去做，也不应该亲自动手操作起来。此时，你应该问他："你认为问题出在哪儿"？

你要让员工大胆说出自己的想法，若员工说出的原因与自己的想法有偏差，这时可以进行引导，启发员工发现问题。

接下来，你还可以问员工："你认为该如何解决？"让员工思考相应的解决方案。如果员工提出的解决方案是可行的，那么给予肯定，然后补充一些你的经验。通过这样的启发，员工知道了这个问题该如何解决，更重要的是，他学会了主动思考和积极行动，员工的责任感就树立了。员工成长了，经理也是受益者。

【答疑解惑】

问1：绩效辅导要明确哪些问题？

【解答】绩效辅导是绩效管理的关键环节，其对绩效计划的落实、员工绩效水平的提高和绩效评估都有影响。每次进行绩效辅导时，管理者都要明确以下几个问题。

（1）工作目标完成得怎样了？

（2）在哪方面表现出色？

（3）哪方面需要改进和提高？

（4）员工是否在努力完成绩效目标？

（5）哪些工作可以帮助提高员工的能力和绩效？

（6）绩效目标是否需要调整。若需要，怎样调整？

问2：要有效地为员工提供绩效辅导，管理者应该怎么做？

【解答】管理者要有效地为员工提供绩效辅导：第一，需要有意识地观察并发现员工在实施干预方案中存在的问题;第二,要清晰准确地向员工描述影响绩效的行为及其导致的后果;第三,与员工一起讨论出现的问题,让他们进行自我分析;第四,在绩效辅导面谈中要善于停下脚步,让员工表达自己的心声;第五,要着眼于未来,引导员工为改进自己的工作提出解决对策和方法。

四、绩效辅导的沟通

绩效辅导的作用是将问题解决在执行过程中,而不是解决在事后。因此,管理者要通过报表、文件、检查、汇报等方式,对员工工作绩效目标执行情况及时进行了解,跟踪计划进度,当部属在目标完成过程中出现问题、困难和挫折时,主管应及时跟进,帮助部属分析原因,找出解决问题的办法,提供支援帮助。

绩效辅导沟通,要求员工不仅要有好的绩效,也要有好的过程,对员工实施目标的手段进行监督,防止员工以牺牲长远利益追求短期利益,以牺牲整体利益追求局部利益,避免员工为实现绩效目标不择手段。违规办坏事不行,违规办好事也不行,对员工实现目标过程中执行的制度、流程、机制进行监督,发现问题及时纠正。

绩效沟通是一个充满细节的过程。管理者与员工的每一次交流(无论是书面的还是口头的)都是一次具体的沟通。总的来说,绩效沟通可以分为正式的绩效沟通和非正式的绩效沟通两大类。正式的绩效沟通是企业管理制度规定的各种定期进行的沟通。非正式的绩效沟通则是员工与管理者在工作过程中的信息交流过程。首先,我们来看看如何进行正式的绩效沟通。

1. 正式的绩效沟通

通常,正式的绩效沟通方式有两种。如图5-6所示。其中,管理者与员工之间的定期会面又包括管理者与员工之间一对一的会面和有管理者参加的员工团队会谈。

```
                    ┌─ 正式的书面报告 ─── 书面报告的最大优点是简单易行，而
                    │                   且能够提供文字记录，避免进行额外的
正式的绩效沟通方式 ─┤                   文字工作
                    │
                    └─ 定期会面 ──────── 这种面对面的会谈不仅是信息交流的
                                        最佳机会，而且有助于在管理者与员工
                                        之间建立一种亲近感。这一点对于培育
                                        团队精神、鼓励团队合作是非常重要的
```

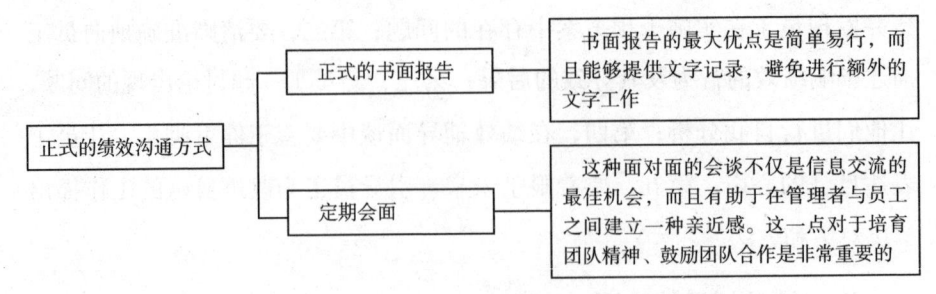

图 5-6　正式的绩效沟通方式

（1）正式的书面报告。很多管理者都会要求员工定期上交工作汇报，以了解员工的工作情况和遇到的各种问题，并要求员工提出"建设性意见"。书面报告的最大优点是简单易行，而且能够提供文字记录，避免进行额外的文字工作。但是，大多数情况下，正是书面报告的优点带来了非常大的问题：书面报告简单易行的原因在于它不需要双方之间进行面对面的会谈，从而使沟通成为一种单方向的信息流动。这种单方向流动使大量的信息变成摆设。因此，我们往往通过将书面报告与其他沟通方式结合使用来解决这个问题。例如，当管理者通过报告中提供的信息了解到工作进程中发生的某个问题时，就可以到工作现场指导员工解决这个问题，或通过面谈与员工进行交流，共同寻求解决问题的途径。

为了让员工更好地完成书面报告，管理者应该让员工有机会决定他们应该在报告中写些什么，而不应由管理者一厢情愿地决定。在双方就这个问题达成一致后，管理者可以设计出一个统一的样表，以便员工填写。通常包括工作目标的进展情况、工作中遇到的问题、建议和意见等。另外，书面报告的形式在很大程度上还取决于员工的文化水平。对不同文化程度的员工，工作报告的要求往往是不同的。

（2）定期会面。书面报告不能代替管理者与员工之间面对面的口头沟通。为了更好地寻求解决问题的途径，管理者与员工之间的定期会面是非常必要的。这种面对面的会谈不仅是信息交流的最佳机会，而且有助于在管理者与员工之间建立一种亲近感。这一点对于培育团队精神、鼓励团队合作是非常重要的。

最常见的形式就是管理者与员工之间一对一的会面。在每次会面开始，管理者应该让员工了解这次面谈的目的和重点。例如，管理者可以设计这样的开场白："今天我想和你谈一谈你的工作进展情况。上次会谈中谈到的问题是否得到了解决，是否又有什么新的问题……"由于是一对一的会谈，管理者应该将会谈的问题集中在解决员工个人遇到的问题上。

大多数管理者都会犯的一个错误就是过多地"教训"而忘记倾听。管理者应该更多地鼓励员工进行自我考评和报告，然后评论或提出问题。如果问题是显而易见的，就应该鼓励员工尝试着自己找出解决问题的方式。另外，管理者应该在面谈结束之时让员工说出他想说的问题。员工是最了解工作现场情况的人，从他们的口中了解情况是非常重要的。

无论是书面报告还是一对一的双方会谈，一个共同的缺陷就是涉及的信息只在两个人之间共享。如果员工所处的是一个以团队为基础的工作环境，那么这两种方式都不能达到沟通的目的。这时，我们需要采用一种新的方式——有管理者参加的员工团队会谈。

在团队的工作环境中，员工与员工在工作中相互关联并发生影响。每个员工都能自然地了解和掌握其他员工的工作情况，而且每个员工都能通过解决大家共同面对的问题提高个人乃至团队的绩效。因此，群策群力是解决问题的最好方式之一。需要注意的是，涉及个人绩效方面的严重问题不应轻易成为团队会谈的话题。任何人都有犯错的时候，这种公开的讨论是最严厉的惩罚。不同的文化背景决定了人们对这种情况的承受能力和接受能力。通常情况下，这种针对个人的绩效警告应该在私下进行。

团队会谈更要明确会议重点，控制会议的进程。管理者可以要求每个人都介绍一下工作的进展和遇到的困难并使用一些结构化的问题提纲和时间表来控制进程。例如，管理者可以要求每个参会员工谈一谈工作的进展情况、遇到的问题以及可能的解决方法。如果找到了问题并能够很快地解决，就应立即安排到人，以确保问题得到及时解决。如果不能在规定的时间内找出问题的解决方法，可能的解决方式是：计划开一个规模更小的小组会或要求某个人在规定时间内草拟一份方案等。不能由于个别难以解决的问题而影响整个会谈的进度。毕竟,这种团队式会谈的时间是十分宝贵的。只有充分利用每一分钟,才能够使会谈发挥最大的效益。因此,强调时间限制是十分重要的。

2. 非正式的绩效沟通

管理者与员工之间的绩效沟通并不仅仅局限于采取正式会面或书面的形式。事实上,管理者和员工在工作过程中或工作之余的各种非正式会面为他们提供了非常好的沟通机会。

非正式绩效沟通的最大优点在于它的及时性。当员工在工作中发生问题时,管理者可以与之进行简短的交谈,从而促使问题得到及时解决。毕竟问题并不总是发生在计划会面的前一天。对于各种亟待解决的问题,必须采取更加灵活的沟通方式——非正式绩效沟通。非正式绩效沟通没有固定的模式。目前,越来越多的企业开发了企业内部的局域网。员工可以通过在网上留言与管理者或其他员工探讨工作中的各种问题。

在绩效监控阶段:沟通的目的主要有两个,一个是员工汇报工作进展或就工作中遇到的障碍向主管寻求帮助和解决办法;另一个是主管人员对员工的工作与目标计划之间出现的偏差进行及时纠正。员工在完成计划的过程中可能会遇到外部障碍、能力缺陷或其他意想不到的情况,这些情况都会影响计划的顺利完成。员工在遇到这些情况的时候应当及时与主管进行沟通,主管则要与员工共同分析问题产生的原因。如果属于外部障碍,在可能的情况下主管要尽量帮助下属排除。如果属于员工本身技能缺陷等问题,主管应该提供技能上的帮助或辅导,辅导员工完成绩效目标。

案例 5-2　为什么说及时的沟通辅导很重要?

销售部小陈最近遇到了一个难缠的客户,该客户对公司产品很认可,但认为产品价格超出了自己的预算,希望小陈能为自己降低价格。由于小陈没有降价的权利,他找到了部门经理寻求帮助。

到了经理办公室,小陈向经理反馈了这个客户的情况。这时,恰巧有一个大的项目出了问题,需要经理马上解决。于是,经理告诉小陈:"这个

第五章　好业绩是干出来的（绩效实施与控制）

事情有点急，我处理完再告诉你如何搞定这个客户。"

由于经理手上的事情较多，就把小陈这件事给忘了，等经理想起的时候，已经过去两天了。经理找到小陈，告诉了小陈解决方案。当小陈打电话跟进客户时，客户却说由于迟迟没有得到小陈的答复，他已经和其他公司合作了。

对于该经理的行为，你如何评价？

【解析】在本例中，一个较好的绩效沟通辅导时机实际上已经出现了，那就是小陈向经理寻求帮助时。但由于经理太忙，就将这个时机一拖再拖，等到事后想起时，已经没有太大的沟通辅导价值了，因为客户丢失了。这个案例告诉我们，不同的时机，导致的结果也大相径庭。作为管理者，应根据需要，给员工提供及时的沟通辅导。

【答疑解惑】
问：不同员工，如何采取不同的沟通方式？

【解答】针对员工的能力和意愿，将员工分为指挥型、教练型、授权型和支持型。对于这四种不同类型的员工，可采取不同的沟通对策。

（1）指挥型。这类员工的能力和意愿都较差，要加强沟通的频次，指出其能力和意愿的不足之处，在提出改进计划后，最好加上一个期限，起到督促的作用。

（2）教练型。这类员工的意愿好，但能力差。宜保持稳定的沟通频次，沟通时，指出能力的不足之处，并根据具体的工作内容给出详细和明确的指导。

（3）授权型。这类员工能力强，意愿也好，沟通频次偏少，沟通内容以赞扬、肯定和支持为主，同时可多听听其意见。

（4）支持型。这些员工能力强，但意愿差，要保持稳定的沟通频次。沟通时，既要鼓励，也要施加一些压力，多听听其在意愿上的障碍，并帮助其解决这些问题。

第三节 绩效信息收集

一、为什么要收集绩效信息

在考虑整个绩效管理循环的时候,我们往往会把大部分注意力集中在对绩效的评估上。然而,不妨思考一下,力图做到客观、公正的绩效评估,需要依据什么来进行评估呢?客观、公正的绩效评估一定不是凭感觉的,这些评估的依据来自绩效实施与管理的过程中。可以说,绩效实施与管理的环节是为下一个环节——绩效评估准备信息的。所以,在绩效实施与管理过程中一定要对被评估者的绩效表现进行观察和记录,收集必要的信息。

我们为什么对员工的绩效信息进行记录和收集呢?

请注意这里用了"记录"和"收集"两个词,"记录"是指以主管人员为主体将有关绩效的行为记录下来,而"收集"是指不由主管人员进行观察和记录的信息,由其他人进行观察或记录,主管人员再从他人那里获取这些有关员工绩效的信息。

收集和记录员工的绩效信息的?主要原因如图 5-7 所示。

① 提供绩效评估的事实依据

② 提供改进绩效的事实依据

③ 发现绩效问题和优秀绩效的原因

④ 为争议事件提供事实依据

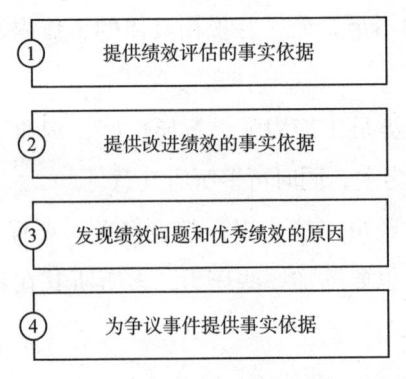

图 5-7 收集和记录员工的绩效信息原因

（1）提供绩效评估的事实依据。在绩效实施过程中对员工的绩效信息进行记录和收集，是为了在绩效评估中有充足的客观依据。在绩效评估时，我们将一个员工的绩效判断为"优秀""良好""差"时，需要有证据做支持，这绝不是凭感觉，而是要用事实说话。这些信息除了可以作为对员工的绩效进行评估的依据，也可以作为晋升、加薪等人事决策的依据。

（2）提供改进绩效的事实依据。我们进行绩效管理的目的是改进员工的绩效和提高员工工作能力，那么当我们对员工说"你在这些方面做得足够好"或"你在这方面还可以做得更好一些"时，妥善结合具体的事实向员工说明其目前的差距和需要如何改进和提高。例如，主管人员认为一个员工在对待客户的方式上有待改进，他就可以举出员工的一个具体事例来说明。"我们发现你对待客户非常热情主动，这很好。但是客户要选择哪种方式的服务应该由他自己做出选择，这是他的权利。我发现你在向客户介绍服务时，总是替客户做决策，比如上次……，我觉得这样做不太妥当，你看呢？"这样，就会让员工清楚地看到自己存在的问题，有利于他们的改进和提高，指出员工有待改进的方面需要提供事实依据，表扬员工时也需要就事论事，而不是简单地指出"你做得不错。"

（3）发现绩效问题和优秀绩效的原因。对绩效信息的记录和收集还可以使我们积累一定的突出绩效表现的关键事件，例如，记录绩效好的员工的工作表现和绩效差的员工的工作表现，有助于发现优秀绩效背后的原因，然后利用这些信息帮助其他员工提高绩效，使他们以优秀员工为基准，把工作做得更好。并且可以发现绩效不良背后的原因，是工作态度的问题还是工作方法的问题，这有助于对症下药，改进绩效。

（4）为争议事件提供事实依据。保留翔实的员工绩效表现记录也是为了在发生争议时有事实依据。一旦员工对绩效评估或人事决策产生争议，就可以利用这些记录在案的事实依据作为仲裁的信息来源。这些记录一方面可以保护公司的利益，另一方面可以保护当事员工的利益。

二、收集绩效信息的方法

与绩效有关的信息是进行绩效评估时的必要信息，需要采取系统的方

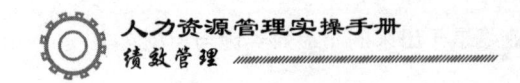

法收集与绩效有关的信息。收集绩效信息的方法主要如图 5-8 所示几种。

```
收集绩效信息的方法
├── 观察法 —— 观察法是指主管人员直接观察员工在工作中的表现，并对员工的表现进行记录
├── 工作记录法 —— 员工的某些工作目标完成的情况是通过工作记录体现的
└── 他人反馈法 —— 员工的某些工作绩效不是管理人员可以直接观察到的，也缺乏日常的工作记录，在这种情况下就可以采用他人反馈的信息
```

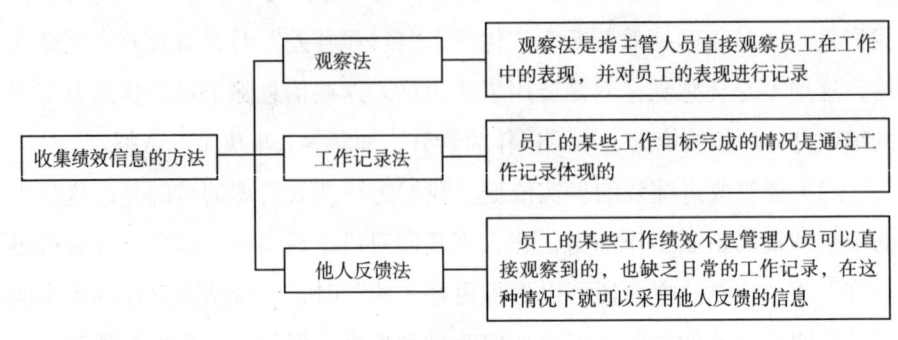

图 5-8　收集绩效信息的方法

1. 观察法

观察法是指主管人员直接观察员工在工作中的表现，并对员工的表现进行记录。例如，一个主管人员看到员工粗鲁地与客户讲话，或者看到一个员工在完成了自己的工作之后热情地帮助其他同事工作等，这些就是通过直接观察得到的信息。

2. 工作记录法

员工的某些工作目标完成的情况是通过工作记录体现的。例如财务数据中体现的销售额，客户记录表格中记录的业务员与客户接触的时间与次数，整装车间记录的废品个数等，这些都是日常的工作体现的绩效情况。

3. 他人反馈法

员工的某些工作绩效不是管理人员可以直接观察到的，也缺乏日常的工作记录，在这种情况下就可以采用他人反馈的信息。一般来说，当员工的工作是为他人提供服务或者与他人有关联时，就可以从员工提供服务或产生关联的对象那里得到有关信息。例如，对于从事客户服务工作的员工，主管人员可以通过发放客户满意度调查表或与客户进行电话访谈的方式了解员工的绩效；对于公司内部的行政后勤等服务性部门的人员，也可以向其提供服务的其他部门人员那里了解信息。

三、收集绩效信息的内容

我们不可能对所有员工的绩效表现都做出记录,因此我们必须有选择地收集。首先要确保所收集的信息与关键绩效指标密切相关。所以,确定收集哪些信息之前需要回顾关键绩效指标。下面是一些关键绩效指标,结合这些关键绩效指标,我们来看一下应收集哪些信息,如表 5-1 所示。

表 5-1 关键绩效指标

工作产出	指标类型	具体指标	绩效管理
销售利润	数量	·年销售额 ·税前利润百分比	·年销售额 20 万 ~ 25 万 ·税前利润率 18% ~ 22%
新产品设计	质量	上级评价: ·创造性 ·体现公司品牌形象 客户的评价: ·性价比 ·相对竞争对手产品的偏好程度 ·独特性 ·耐用性	上级评价: ·至少有 3 种产品与竞争对手不同 ·使用高质量的材料、恰当的颜色和样式代表和提高公司的品牌形象 客户的评价: ·产品的价值超过了它的价格 ·在不告知品牌的情况下对顾客进行测试,发现选择本公司产品比选择竞争对手产品的概率要高 ·客户反映与他们见过的同类产品不同 ·产品使用的时间足够长
零售店销售额	数量	销售额比去年同期的增长	销售额比去年同期增长 5% ~ 8%

通常来说,收集的绩效信息的内容如图 5-9 所示。

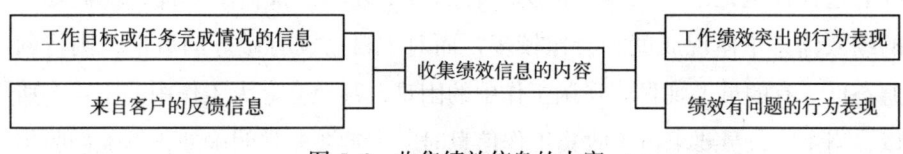

图 5-9 收集绩效信息的内容

收集绩效信息的内容包括:工作目标或任务完成情况的信息、来自客户的反馈信息、工作绩效突出的行为表现、绩效有问题的行为表现。

在收集信息中,有相当一部分是属于"关键事件"的信息。关键事件是员工的一些典型行为,既有证明绩效突出好的事件,也有证明绩效存在问题的事件。

四、收集绩效信息的注意事项

收集绩效信息的注意事项如图5-10所示。

```
            收集绩效信息的注意事项
    ┌───────────┬───────────┬───────────┐
让员工参与收   要注意有目的地  可以采用抽样的方法  把事实与推测
集信息的过程   收集信息       收集信息          区分开
```

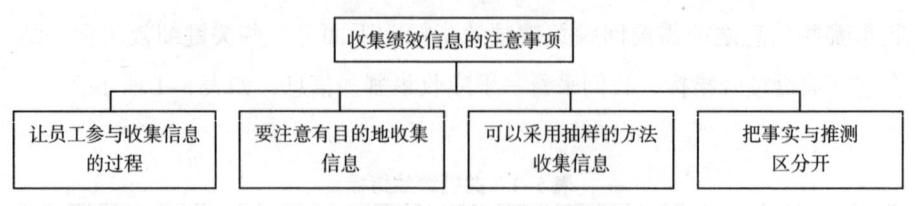

图5-10 收集绩效信息的注意事项

1. 让员工参与收集信息的过程

作为主管人员,不可能每天不停地盯着一个员工观察,因此,主管人员通过观察得到的信息可能不完全或者具有偶然性。那么,教会员工自己做工作记录则是解决这一问题的一个比较好的方法。员工都不希望主管人员拿着一个小本子,一旦发现自己犯了错误就记录下来,然后将错误攒在一起到绩效评估的时候。我们需要反复强调的一个观点就是,绩效管理是主管人员和员工双方共同的责任。因此,员工参与到绩效数据收集的过程中就是体现员工责任的一个方面。而且,员工自己记录的绩效信息比较全面,当主管人员拿着员工自己收集的绩效信息与他们进行沟通的时候,他们更容易接受这些事实。

但值得注意的是,员工在做工作记录或收集绩效信息的时候往往会存在有选择性地记录或收集的情况。有的员工倾向于报喜不报忧,他们提供的绩效信息中体现成就的会比较多,而对于自己没有做好的事情,则持回避态度。有的员工则喜欢强调工作中的困难,甚至会夸大工作中的困难。所以,当主管人员要求员工收集工作信息时,一定要非常明确地告诉他们收集哪些信息,最好采用结构化的方式,将员工选择性收集信息的程度降到最小。

2. 要注意有目的地收集信息

收集绩效信息之前,一定要弄清楚为什么要收集这些信息。有些工作没有必要收集过多的过程中的信息,只需关注结果就可以,那么就不必费尽心思去收集那些过程中的信息。如果收集的信息最后发现并没有什么用途而被置之不理，那么这将是对人力、物力和时间的一大浪费。

3. 可以采用抽样的方法收集信息

既然不可能一天 8 小时一动不动地监控员工的工作（如果有必要获得工作过程中的信息的话，也只好如此），那么不妨采用抽样的方式。所谓抽样，就是从一个员工全部的工作行为中抽取一部分工作行为做记录。这些抽取出来的工作行为就被称为一个样本。抽样的关键是注意样本的代表性。

常用的抽样方法如图 5-11 所示。

```
                  ┌── 固定间隔抽样法 ── 每隔一定的数量抽取一个样本
常用的抽样方法 ────┼── 随机抽样法     ── 不固定间距地抽取样本
                  └── 分层抽样法     ── 按照样本的各种特性进行匹配抽样
```

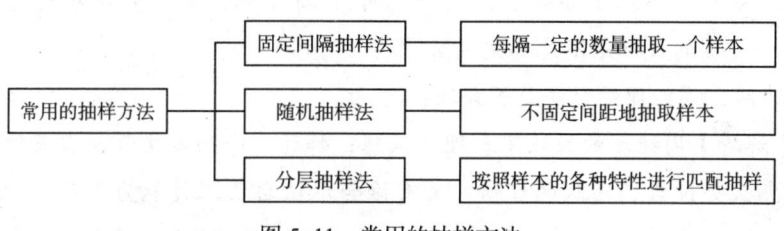

图 5-11　常用的抽样方法

固定间隔的抽样就是每隔一定的数量抽取一个样本。例如，每 5 个产品抽取一个进行检查；每隔 30 分钟抽取客户服务热线接线生的一个电话进行监听；等等。这种抽样的方法比较固定，容易操作，但容易让被评估者发现规律，故意做出某些服从标准的行为表现。

随机抽样的方法就是不固定间距地抽取样本。这种方法不易让被评估者发现规律。例如，每一个小时中监听一个电话，但不固定是哪个电话。特殊情况下，可以利用随机数表选择抽取的样本。

分层抽样法则是按照样本的各种特性进行匹配抽样。这种方法可以比较好地保证样本的覆盖率。例如，在进行客户满意度调查的时候，到底选取哪些客户作为调查的对象呢？这时就可以把客户的年龄、性别、学历、收入状况、职业等作为匹配因素，保证不同年龄、性别、学历、收入、职业的客户都能被调查，这样得到的信息才比较有代表性。

4. 要把事实与推测区分开来

主管人员应该收集那些事实的绩效信息，而不应收集对事实的推测。

主管人员通过观察可以看到某些行为，而行为背后的动机或情感则是通过推测得出的。如果说"他的情绪容易激动"，这是对事实的推断得出的，因为"他与客户打电话时声音越来越高，而且用了一些激烈的言辞"。主管人员与员工进行绩效沟通的时候，也是基于事实的信息，而不是推测得出的信息。

案例 5-3 管理者使用错误方法收集绩效信息有什么后果？

年底，某公司负责人周经理要收集下属的绩效信息，于是他将几个项目的负责人叫到了办公室，逐一询问："你们团队的工作进展得怎么样了？""成员的目标是不是都完成了？"

请问，周经理的做法是否合理？

【解析】周经理的做法不合理。试想，作为一个项目主管，在其他主管面前怎么会说自己团队的坏话？又有谁会承认自己工作能力不足？即使单独和上级在一起时也未必会说真话，更何况身边还有其他人在场。

主管的隐瞒会导致收集的信息与实际不符，这对绩效考评是不利的，应有效制约提供虚假信息的行为，并加强对下属工作的了解，做到对下属的工作心中有数，使下属不敢提供虚假信息。

另外，管理者也要怀着严谨、公正的态度去收集、抽查和评判这些信息，这样才能保证信息的真实性和有效性。

有的管理者比较极端，为了避免员工提供不实的信息，就杜绝员工参与信息收集，这种做法是错误的。作为管理者，应该有能力核查信息的真实性，除非是不称职的主管。

绩效信息收集和记录是管理者和员工共同的责任，让员工参与此过程的好处如图 5-12 所示。

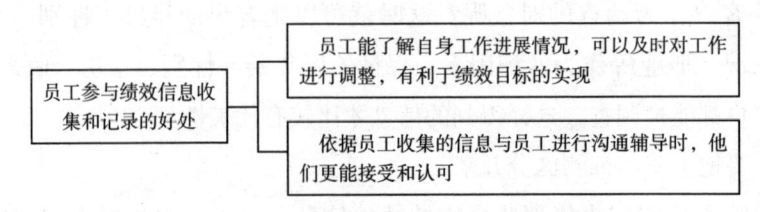

员工参与绩效信息收集和记录的好处	员工能了解自身工作进展情况，可以及时对工作进行调整，有利于绩效目标的实现
	依据员工收集的信息与员工进行沟通辅导时，他们更能接受和认可

图 5-12 员工参与绩效信息收集和记录的好处

第六章
工作做得好，不一定考核就好
（绩效考核）

第一节 认识绩效考核

一、什么是绩效考核

随着经济的发展和企业管理的不断进步，人们对绩效考核的认识不断加深。

本书将绩效考核定义为评价主体根据制订的绩效计划和考核标准，选择适当的考核方法，对员工目标任务的完成情况以及工作态度和行为进行考核评价并及时给予反馈的过程。

二、绩效考核的原则

要顺利实施绩效考核，确保考核的有效性，必须遵循一些基本的考核原则，如图 6-1 所示。

```
                    绩效考核的原则
    ┌──────────┬──────────┬──────────┬──────────┐
可行性与可接受   公平、公正、公开   可靠与准确原则   及时反馈原则
    原则            原则
```

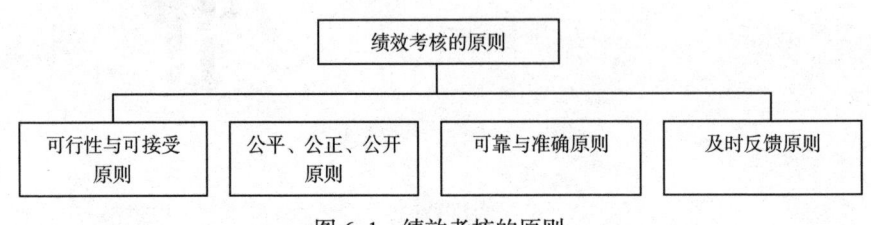

图 6-1 绩效考核的原则

1. 可行性与可接受原则

每一次绩效考核都需要投入时间、人力、物力和财力，要顺利实施绩效考核就必须充分考虑以上客观条件。企业首先应该研究组织所拥有的资源、技术以及其他条件，然后合理设计考核方案并对其进行可行性分析，预测潜在困难和障碍，切实评估考核方案能为组织带来哪些经济效益和社会效益。

所谓可接受性，是指设计的考核方案能够被组织成员认可和接受，无

论是考核标准、考核程序，还是考核人员都应该得到被考核者的认可，让雇员适当参与考核方案的设计可以提升雇员对绩效考核的信任程度。并且绩效考核的范围必须是组织的所有成员，不搞特殊性，也不专门针对一部分员工。

2. 公平、公正、公开原则

一个良好的绩效考核体系必然是公平、公正的，这也是有效开展绩效考核的前提。贯彻公开原则首先要将考核工作公开化，避免造成神秘的氛围，从而使雇员产生猜忌和不安，甚至抵触情绪。考核结果还要遵循公开原则，注重上级和下级之间持续不断的绩效沟通。有效结合自我评价和绩效申诉，有利于组织成员将自身与绩效考核结果进行比较衡量，发现自身差距，对不公平的结果提出质疑。

3. 可靠与准确原则

绩效考核的可靠性即考核信度，是指运用绩效考核方法所得到的员工的绩效数据、履职行为和态度的信息是稳定的、可信的。这意味着不同的评价主体对同一个雇员或一组雇员的评价应该保持一致或者差异在可接受范围内。绩效考核的效度是指绩效考核中测量结果的准确程度。明确考核指标和考核标准、选择合适的考核方法和工具、帮助考核主体和被考核者理解考核内容等都有助于提升绩效考核的信度和效度。确保考核的可靠性和准确性是绩效考核最重要的工作内容之一，毕竟绩效考核的结果与每个雇员的工资和福利等密切相关，也会直接影响雇员的满意度。

4. 及时反馈原则

绩效反馈是指管理者通过绩效公开公布或绩效面谈等方式将绩效考核结果反馈给雇员的过程。反馈要及时，以免雇员因不能充分理解考核结果而焦虑不安。这与考试后同学们都希望尽快出成绩和答案的道理一样。在反馈时，管理者要向雇员说明考核的具体情况并对一些比较敏感的结果进行委婉转达和解释。遵循及时反馈原则的意义还在于充分发挥考核的激励作用，肯定成绩和进步，一起分析绩效不佳的原因并制订改进计划，以提升绩效水平。

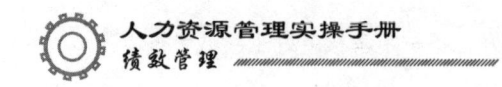

第二节 绩效考核的管理机构

绩效管理工作的组织部门包括绩效管理委员会和负责绩效数据收集与核算的日常管理小组。

一、绩效管理委员会

为了保证企业绩效管理工作的顺利开展,企业可以建立绩效管理委员会。委员会由企业领导班子成员和财务部、人力资源部、战略规划部以及核心业务部门的主要负责人组成。

委员会作为企业绩效管理的最高权力机构,主要职责包括:领导和推动企业的绩效管理工作;研究绩效管理重大政策和事项,设计方案与实施控制;解释现行绩效管理方案的具体规定;处理涉及绩效管理但现行政策未作规定的重大事项;等等。

二、绩效日常管理小组

委员会下设绩效日常管理小组,可以由战略规划部、财务部、人力资源部组成。管理小组具体负责日常的绩效管理工作,比如企业、部门KPI指标数据的收集以及KPI指标考核分数的核算等。具体分工如下:

战略规划部负责按照企业任务目标及企业年度目标,向委员会提出年度KPI及具体指标值调整方案;负责收集、整理、分析有关KPI内部反馈信息,及时提出调整建议;提供年度和月度考核参数;负责对KPI考核执行情况进行监督、检查,并汇总各考核部门的意见,根据考核情况提交奖惩报告。

人力资源部负责收集、整理、分析有关绩效管理运作体系的反馈信息,对考核体系的设计和调整提出建议;向委员会提出所有部门岗位职责指标及指标值调整方案；对绩效结果的运用提出建议；指导和督促绩效管理日常工作的开展；负责汇总计算绩效分值并形成报告等。

三、绩效考核管理机构的职责

作为绩效管理的组织者和实施者，绩效考核管理机构在绩效管理实施过程中起着十分重要的作用。根据绩效管理的流程，绩效考核管理机构的职责权限如图6-2所示。

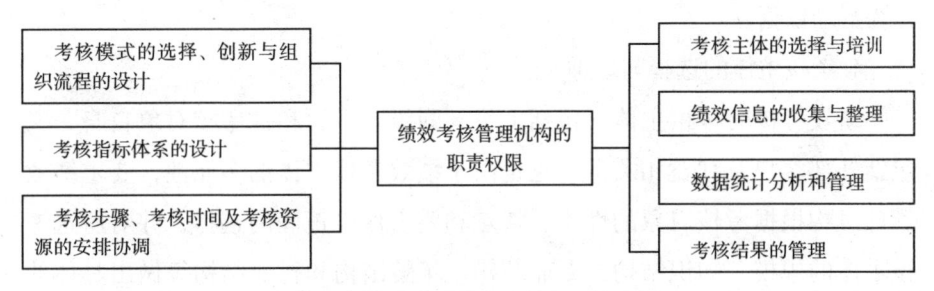

```
考核模式的选择、创新与组          考核主体的选择与培训
织流程的设计
                                 绩效信息的收集与整理
考核指标体系的设计    →  绩效考核管理机构的
                        职责权限          数据统计分析和管理
考核步骤、考核时间及考核资
源的安排协调                      考核结果的管理
```

图6-2 绩效考核管理机构的职责权限

1.考核模式的选择、创新与组织流程的设计

绩效考核方式多种多样，如基于平衡计分卡的绩效考核、基于素质模型的绩效考核以及360度绩效考核等，每种考核方式都有其适用情境及价值取向，在不同绩效目标导向下，可以采取不同的考核模式。考核管理机构可以对这些考核模式进行分析比较，并根据实际考核需求和考核内容选择其中一种考核模式或创新一种考核模式，再根据所定的考核模式设计具体而规范的考核组织流程。

2.考核指标体系的设计

绩效考核指标体系是为达到考核目的而按照一定原则建构的由反映考核对象各个方面的相关指标、考核尺度以及考核权重等组成的系统结构。指标体系设计的科学与否是关系考核结果信度与效度的关键因素。在进行指标体系设计时，绩效管理机构要遵循正确的指标设计原则，组织相关人员参与指标设计过程，以确保指标体系的科学性和系统性。另外，随着时间的推移，还要组织对考核指标体系检验并不断修改、补充和完善。

3. 考核步骤、考核时间及考核资源的安排协调

在绩效考核的前期准备工作完成以后，考核组织机构就需要对考核的步骤、时间及组织的资源进行安排协调。首先，要根据具体情况确定考核步骤或考核环节，并科学估算每一步骤所需的时间和资源。其次，对每一步骤的完成时间作出具体安排，充分利用和合理协调有限的资源制订绩效计划，并利用网络规划技术优化锁定方案。最后，做出整体规划书并将其作为行动依据。

4. 考核主体的选择与培训

绩效考核的考核主体既包括上级、同级、下属和被考核对象自身，又包括外部客户及利益相关者。正是由于绩效考核主体的多元性，要求绩效管理机构根据考核对象的性质、特点和要求作出正确的选择，并对所选考核主体的规模、知识结构、专业结构、年龄结构和行业结构等做出具体的规定。然后对所选的考核主体进行系统培训，让其明确考核的意义、目的，全面理解考核指标、考核内容、考核标准、考核程序等，将人为误差降到最小。

5. 绩效信息的收集与整理

绩效考核过程中要使用多种考核工具，其中最重要的是数据收集和处理工具。一般而言，收集数据可以采取线上或线下发放调查表、现场观察等形式。其中常用的方法是调查表法。调查表的设计、发放和回收是绩效考核的一项基础性、核心性工作。在设计调查表时，要坚持主题明确、简明易懂、内容科学、题量适中、便于处理等原则；调查表的发放应考虑覆盖率、利益代表性、可能填答质量等问题；要通过严密的组织，本着认真负责的精神，通过当场回收、个别访问等方式确保调查表及时、有效回收。

6. 数据统计分析和管理

根据来源，数据可分为第一手资料和第二手资料，获取第一手资料的重要途径是调查研究，第二手资料主要来源于已有的文献、统计资料。无论哪种资料，都应注意其代表性以及数据资料相互之间的关联度。此

外，要初步确立考核模型，运用收集的绩效信息进行考核，得出绩效考核结果。

7.考核结果的管理

从组织考核到得出考核结果，并不意味着一个完整的考核过程结束了，对考核结果的管理也是考核组织机构的一个重要职责，主要内容如图6-3所示。

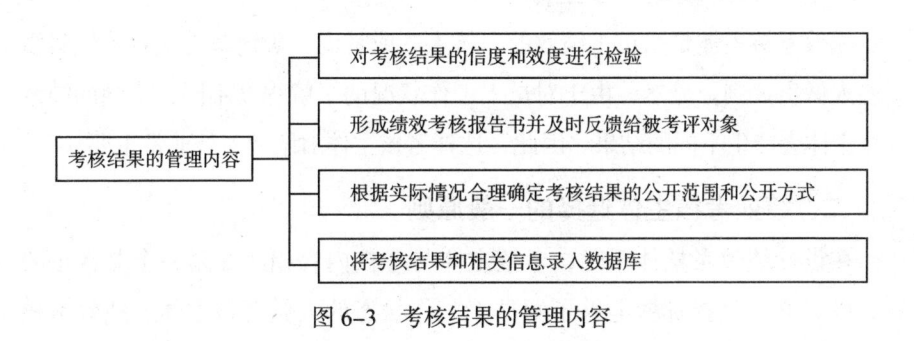

考核结果的管理内容
- 对考核结果的信度和效度进行检验
- 形成绩效考核报告书并及时反馈给被考评对象
- 根据实际情况合理确定考核结果的公开范围和公开方式
- 将考核结果和相关信息录入数据库

图6-3 考核结果的管理内容

【答疑解惑】

问：绩效考核时，如何准确地衡量人和事？

【解答】绩效考核不仅要考核员工工作做得怎么样，还会考核员工的能力和工作态度，通常会从以下4个方面入手。

（1）能力。能力包括各种知识、技能以及对岗位的适应度等。

（2）潜力。潜力指学习能力、转化能力等，即是否有提升或进步的可能。

（3）发挥。发挥指员工工作岗位的表现，即是否能将知识技能运用到实际工作中。

（4）态度。态度包括敬业精神、职业道德以及积极性等。

有的管理者认为，在绩效考核中，前三者就可以衡量这个员工的工作水平。但从大量的实践来看，如果一个人能力很强，但态度很差，也会影响工作成效。

第三节　绩效考核的主体

一、什么是绩效考核主体

绩效考核主体是指员工绩效的考核人。或者说，确定员工绩效的优劣由哪些人做出评判。显然，由于对员工工作状况的了解程度不同，不同的绩效考核主体会产生不同的结果。因此，选择考核主体对绩效考核非常重要。

二、绩效考核主体选择的一般原则

在设计绩效考核体系时，考核主体与考核内容相匹配是一个非常重要的原则，必须选择那些能够了解员工工作状态的人做考核主体。绩效考核主体选择的一般原则如图 6-4 所示。

绩效考核主体选择的一般原则：

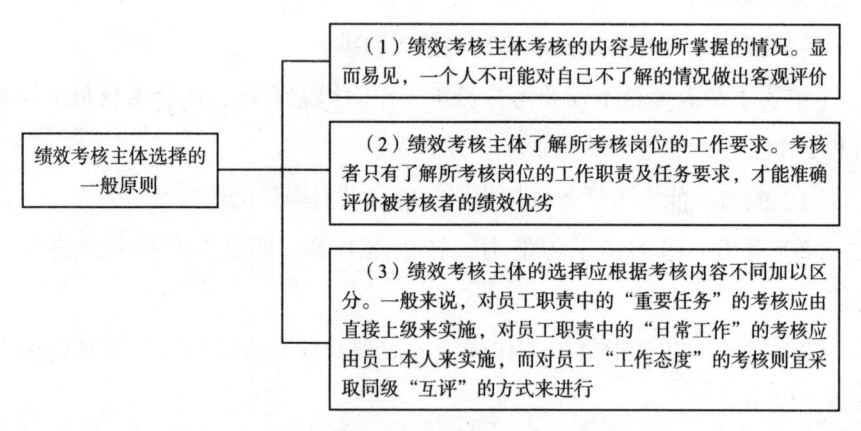

（1）绩效考核主体考核的内容是他所掌握的情况。显而易见，一个人不可能对自己不了解的情况做出客观评价

（2）绩效考核主体了解所考核岗位的工作要求。考核者只有了解所考核岗位的工作职责及任务要求，才能准确评价被考核者的绩效优劣

（3）绩效考核主体的选择应根据考核内容不同加以区分。一般来说，对员工职责中的"重要任务"的考核应由直接上级来实施，对员工职责中的"日常工作"的考核应由员工本人来实施，而对员工"工作态度"的考核则宜采取同级"互评"的方式来进行

图 6-4　绩效考核主体选择的一般原则

三、不同考核主体的比较

绩效考核主体可以由多方担任。通常，绩效考核系统中可能的考核主体包括直接上级、同事、下级、员工本人及客户等。不同的考核主体具有

不同的特点，在绩效考核中承担不同的考核责任甚至管理责任。

1. 直接上级

被考核者的直接上级，也是绩效考核中最主要的考核主体。由于员工的直接上级通常是最熟悉下属工作情况的人，他们对考核内容通常也比较熟悉，上级考核方式在实践中被广泛地运用。同时，绩效考核也是上级主管的一种有效的管理工具。他们可以利用考核，直接或间接地对员工的工作行为进行管理。此外，上级主管还可以通过对员工考核结果的分析，有效地指导下属的职业发展。当然，上级考核也存在局限性。当上级主管不能了解下属的全部工作活动时，会导致对下级的考核有失公允。另外，上级在与员工交往的过程中也可能存在某些偏见。

2. 同事

同事，一般是与被考核者工作联系较为密切的同级别人员。他们对被考核者的工作技能、工作态度、工作表现等较为熟悉，在考核中更加关注相互之间在工作中的合作情况，这一点是上级难以准确评价的：员工通常会把自己最好的一面展示给上级，但其朝夕相处的同事却可能看到他较真实的一面，同事参与考核可以促进员工工作表现的改善。使用同事考核来对上级考核进行补充，有助于形成关于个人绩效的一致意见。

同级考核也可能出现一些特殊的问题。例如，当绩效考核的结果与薪酬和晋升密切联系时，往往会使同级之间产生利益冲突，从而影响同级考核的信度。同级考核还会受到个人感情因素的影响而带有主观性。考核者会考虑到对同事较低的评价会影响两人之间的友谊，或者会破坏小组内同事的团结。此外，对同事进行评价会受到同事间既有关系好坏的影响。

3. 下级

下级对上级进行考核，对企业民主作风的培养、企业员工之间凝聚力的提高等方面起着重要的作用。因此，这种方法为许多公司广泛采用。下属由于经常与其上司接触，往往站在一个独特的角度观察许多上级与工作有关的行为。下属比较适合评价的是上司的领导艺术和管理行为以及公正性等方面。但在计划与组织、预算、创造力、分析能力等方面却不太适合运用这种方法。另外，在一个缺乏开放、民主的组织文化的组织中，下属在评价上司的时候可能会有所保留，常常因害怕被报复而不敢指出上司的缺点。因此，评价时最好匿名。

4. 员工本人

员工本人对自己的工作表现进行评价一方面有助于员工提高自我管理能力，另一方面可以取得员工对绩效考核工作的支持。如果员工理解了他们所期望取得的目标以及将来考核他们所采用的标准，他们在很大程度上处于考核自己业绩的最佳位置。员工对自己的工作情况很了解，他们知道自己哪些方面做得好，哪些方面需要改进。如果给他们机会对自己的绩效情况加以评价，会促使他们在自我工作技能的开发方面更加主动。

反对员工自我考核的观点认为，自我考核时员工容易夸大自己的优点而忽视自己的缺点，因此，应谨慎使用这种方式。他们认为自我考核方式更适合"自我发展"内容的考核，而不适合"自我管理控制"内容的考核。

5. 客户

客户考核包括外部客户考核与内部客户考核两种情况。外部客户考核是对那些经常与外部顾客和供应商打交道的员工的考核。对这些员工的绩效考核，客户满意度是衡量其工作绩效的主要标准。最常见的做法就是将顾客和供应商纳入考核主体中。这种做法是为了了解那些只有特定外部成员能够感知的绩效情况。内部客户包括组织内部任何得到其他员工服务支持的人。比如，主管人员得到了人力资源管理部门招聘和培训员工的服务支持，那么，主管人员就可以成为对人力资源部门进行考核的内部客户。内部客户考核能较为准确地提供员工、团队的工作所带来的价值增值，既可服务于开发目的，也可用于日常管理的目的。

案例 6-1　分布较广的业务人员如何考核？

某通信公司新招了一批业务人员，分布在全国各地，由其主管对他们进行考核。这批业务员主要是刚毕业的大学生，可塑性较强，人力资源部

第六章 工作做得好，不一定考核就好（绩效考核）

该如何跟踪其成长和绩效考核状况？

【解析】对于分布较广的业务人员的考核，可以从以下方面着手。

（1）明确主管责任。无疑，业务员的直接主管领导负有直接的考核责任，考核方案当然是由 HR 部门、业务主管和业务员共同协商确定的。人力资源部门可以随时了解主管对业务员工作情况的评价，以便及时作出决定。

（2）电话抽查情况。对于考核情况，人力资源部门不能只根据主管的考核，也可以抽查部分业务员了解情况。这样，从多方了解情况后更客观一些。

（3）现场抽查情况。业务部或人力资源部门可以利用出差或其他工作外出机会，顺道去业务员所在工作部门抽查情况，这样可以从更多方面进行了解。

（4）其他方面了解。业务员的工作绩效情况，可以通过同事、客户等其他渠道侧面了解一些。

案例 6-2 不同区域的员工如何考核？

某保险公司为了激发销售人员的竞争活力，针对不同区域的销售人员实施了同样的绩效考核方案，方案实施后并没有提高销售人员的工作业绩，相反，有销售人员抱怨绩效指标设置不合理。

针对这一情况，公司管理者进行了指标细化，并增加了奖励措施，只要达到一定的绩效指标就可以获得相应的绩效奖金，绩效排名靠前的员工还能得到额外的奖励。考核实施后，企业中出现了不同的声音。有的销售人员认同这样的考核，而有的销售人员则认为这样的考核不公平。

该公司的管理者很疑惑：为了保证考核公平，设定了统一的考核指标，为什么还有员工抱怨呢？

【解析】在上述案例中，尽管公司管理者考虑到了公平的原则，但实际上并没有做到公平。不同区域由于外部环境不同，销售的难度自然也不同，但该公司管理者并没有考虑到这种差异性，而认为统一的指标就能保证公平性。指标相同，但完成的难度不同，工作的产出就会有差异，这自然会导致有些销售人员认为考核有失公平。因此，对同一职位但处于不同地区的岗位设计绩效指标时，还要考虑地区间的差异性，应设定不同的绩效指标，这样才能使绩效考核成为激发员工竞争活力的工具。

【答疑解惑】

问1：绩效考核应关注过程还是关注结果？

【解答】不同的企业在绩效考核时关注的内容不同，具体如下。

（1）关注过程的绩效考核。关注过程的绩效考核，其考核内容集中于员工的工作行为、态度等。

这种考核方式营造的是感性、和谐的管理文化，企业更倾向于考核人，其构建的是"以人为本"的企业文化。

以过程为导向的绩效考核较多地应用于对新员工进行短期绩效考核，因为新员工刚进入公司，其工作能力还不足，此时最重要的是看该员工工作态度如何。

（2）关注结果的绩效考核。关注结果的绩效考核注重工作的最终业绩，其考核内容集中于员工的实际产出。

这种考核方式营造的是理性、以任务为导向的管理文化，最为典型的就是目标管理法。其缺点是忽略了过程管理，导致过于注重短期利益，因此有的企业为了避免这种情况，会辅以针对工作态度的人事考核。

当企业面临较大的生存压力时，如企业刚成立或处于创业初期，通常倾向于采用以结果为导向的绩效考核，因为这有利于促进企业目标的达成。

问2：为什么员工不愿真实阐明对绩效考核的看法？

【解答】可能的原因如下。

（1）迫于上级的压力，即使对考核有异议也不敢提。

（2）对绩效考核不了解，无法阐述自己的看法。

（3）怕自己提的意见不正确，遭到他人嘲笑。

（4）依赖性心理，对公司管理制度的发展不热心。

（5）过去提意见时遭到过批评或打击，挫伤了积极性。

（6）组织缺乏活力，团体内部氛围拘谨。

第四节　常见的绩效考核方法

一、简单排序法

简单排序法是指考核者经过通盘考虑后，以自己对考核对象工作绩效的整体印象为依据，结合自己的经验认识和主观判断，对相同职务的员工的工作状况进行整体比较和排序。简单排序法如表6-1所示。

表6-1　简单排序法

要素一的排名		要素二的排名		要素三的排名	
排序名次	员工姓名	排序名次	员工姓名	排序名次	员工姓名
1	员工B	1	员工A	1	员工A
2	员工A	2	员工D	2	员工B
3	员工D	3	员工B	3	员工C
4	员工C	4	员工C	4	员工D

二、交替排序法

交替排序法是根据某些考核要素将员工从绩效最好的到绩效最差的进行排序，但是具体的操作方法与直接排序法略有不同。其操作方法如下：

（1）将要考核的所有人员的名单列出，并将不熟悉的被考核者从中划出。

（2）考核者经过通盘考虑后，从余下的所有被考核对象中选出最好的和最差的，然后在剩下的员工中选出最好的和最差的。

（3）以此类推，直至将全部人员的顺序排定为止。

交替排序法适用于考核无法用量化指标体现员工的工作质量和效率，

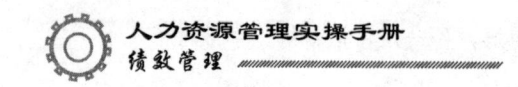

在把众多被考核者拉开绩效档次的时候，这种方法是比较简单实用的，尤其在需要考核的人数不多时。表6-2是使用交替排序法进行考核时所使用的考核表格。

表6-2　绩效考评交替排序表

评价所要依据的评价要素：_____

例如，针对你所要评价的每一种要素，将所有20名员工的姓名都列举出来。将工作绩效评价最高的员工姓名列在第1行的位置上，将评价最低的员工姓名列在第20行的位置上。然后，将次最好的员工姓名列在第2行的位置上，将次最差的员工姓名列在第19行的位置上。将这一交替排序继续下去，直到所有员工都被排列出来。

1._____	11._____
2._____	12._____
3._____	13._____
4._____	14._____
5._____	15._____
6._____	16._____
7._____	17._____
8._____	18._____
9._____	19._____
10._____	20._____

三、配对比较法

配对比较法，是将员工两两配对并依据某一考核因素进行比较。基本做法就是，将每一名被考核的员工按照所有的考核要素（工作数量、工作质量等）与其他所有员工进行比较，根据配对比较的结果，排列出绩效名次。比如，要对某组织中的4名员工采用配对比较法进行绩效考核，首先要设计出一张如表6-3所示的表格，在表中要标明所有被考核员工的姓名，然后将所有员工根据考核要素进行逐一比较，绩效水平高的一方记"+"号，绩效水平差的一方记"-"号，最后将每一名员工得到的"+"号相加，根据"+"号的数量排序。

表 6-3　配对比较表

员工	A 员工	B 员工	C 员工	D 员工	"+"号合计（排序名次）
A 员工					
B 员工					
C 员工					
D 员工					

四、人物比较法

人物比较法也称标准人物比较法。这种方法的考核标准不同：所有的人与某一个特定的人，即所谓的标准人物进行比较。它在一定程度上能使考核的依据更为客观。

人物比较法在实施之前，要先选出一名员工，以他的各方面表现为标准，其他员工与之相比较，从而得出考核结果。人物比较法绩效考评表如表 6-4 所示。

表 6-4　人物比较法绩效考评表

考核项目：业务知识（标准人物：李）					
被考核员工姓名	A. 非常优秀	B. 比较优秀	C. 相同	D. 比较差	E. 非常差
王					
张					
孙					
宋					

五、强制分布法

强制分布法是根据事物呈正态分布规律，考核者将工作小组中的员工的工作绩效分级（3~7 类），然后根据事先确定的各等级的比例将每个被考核的员工归到每一个工作绩效等级上去，如图 6-5 所示。

使用强制分布法需要注意的事项如下。

（1）工作绩效分级种类以及各级比例的估计基本符合企业员工的工作业绩状况。

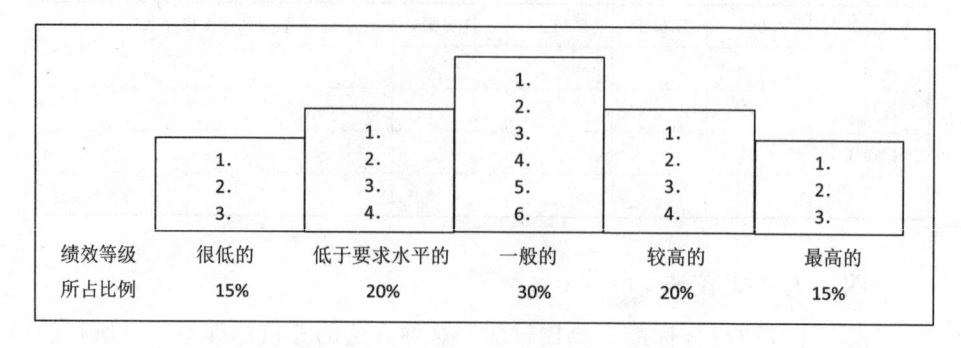

			1.		
			2.		
		1.	3.		
	1.	2.	4.	1.	
	2.	3.	5.	2.	1.
	3.	4.	6.	3.	2.
				4.	3.
绩效等级	很低的	低于要求水平的	一般的	较高的	最高的
所占比例	15%	20%	30%	20%	15%

图 6-5 强制分布法绩效考核示例

注 在本图中，考核者必须根据 20 名员工的总体绩效将其分别放入 5 个绩效等级中。所占比例一栏中的数字表明考核者必须将该数量的员工放入这一对应的绩效等级。在同一绩效等级内，通常不需要排序。

（2）考核者们无法在员工中进行配对比较。这可能是由于考核者缺乏辨认各项考核指标的知识或员工之间差异较小。在确定各项绩效等级的比例时，通常是居中等级赋予最大的频率值，而对两个极端的等级（最高或最低）赋值最小。

这种方法的优点是有利于管理控制，特别是在引入员工淘汰机制的公司中，它能明确筛选出淘汰对象。由于员工担心因多次落入绩效最低区间而遭解雇，因而具有强制激励和鞭策功能。强制分布法被广泛应用于绩效考核，但很少单独使用。这种方法最大的问题在于平均主义，考核结果往往不能完全做到实事求是和客观公正。例如，如果某个员工实际表现得不错，却排名靠后，那么很可能会让他产生挫败感，甚至导致他将来的工作效率降低；相反，如果这组被考核者业绩平平，则有"矬子里拔将军"之嫌。

六、图尺度量表法

图尺度量表法（graphic rating scale，GRS）是最简单且应用最广泛的绩效考核技术之一，它在图尺度的基础上使用非定义式的考核。这种考核方法的核心是针对每项评定的重点或考核项目预先设定基准。表6-5是典型的图尺度量表。该表列举了一些工作绩效考核要素，同时规定了从O（杰出）到U（不令人满意）的等级标志，每个等级标志都进行了说明并规定了不同的得分。考核者在熟悉了考核量表及各个考核要素的含义后，根据标准结合员工的日常表现给出每个考核要素的得分。另外，图尺度量表中使用的"评价事实或依据"就是量表法与描述法的结合。

表6-5 图尺度量表

姓名		职位		部门		员工薪资	
绩效评价目的	□年度例行评价 □工资	□职务晋升 □试用期结束		□绩效不佳 □其他			
任职时间	年　月　日	最后一次考核时间	年　月　日	正式评价时间	年　月　日		
工作绩效评价要素	评价尺度					评价事实或依据	
	O (100~90)	V (90~80)	G (80~70)	I (70~60)	U (≤60)	分数	评语
1. 完成工作的精确度、彻底性、可接受性，以及顾客满意度							
2. 业绩数量：服务次数、价值							
3. 效率：在考核期内所获得的业绩数量与工作效率							
4. 知识、技能：创造绩效过程中应用的经验、技术能力、创新能力、知识、信息等							
5. 积极性、勤勉度：创造绩效过程中的表现，如工作准时性、遵纪守法、出勤率等							
6. 可信度：完成任务的可靠度、工作的优质度、服从指挥的程度							

续表

工作绩效评价要素	评价尺度					评价事实或依据	
	O (100~90)	V (90~80)	G (80~70)	I (170~60)	U (≤60)	分数	评语
7. 独立性：完成工作时的自觉性、自律性							
8. 合作能力：工作时善于与人合作、共同提高组织绩效的能力							
9. 适应能力：适应环境变革、组织变革，以及为组织创造绩效的能力							
10. 发展潜力：发现未来、发展未来，以及创造未来的能力							

	代码	定义	内容				
评价等级说明	O	杰出 (outstanding)	在所有方面的绩效明显比其他人优异、突出				
	V	很好 (very good)	大多数方面的绩效明显超过职位的要求				
	G	好（good）	属于称职的和可以信赖的工作绩效水平				
	I	需要改进 (improvement needed)	在绩效的某一方面存在缺陷，需要改进				
	U	不令人满意 (unsatisfactory)	工作绩效总体水平让人难以接受				
	N	不做评价 (no rated)	绩效考核表中没有可以运用的指标				
签字	被评价者			评价者		审核者	

七、行为锚定等级评定法

行为锚定等级评定法是等级评定法与关键事件法的结合。这种考核法是行为导向型量表法的最典型代表。它通过一张行为等级评定的表格将各种水平的绩效加以量化，用反映不同绩效水平的具体标准工作行为来加以界定。这种方法的特点是需要有大量的员工参与，所以可能会被部门主管和下属更快地接受。

第五节　员工绩效考核的流程与方法

一、员工绩效考核的一般程序

绩效考核是一个按事先确定的工作目标及其衡量标准，考察员工实际完成的绩效的过程，可以根据具体情况和实际需要进行月考核、季考核、半年考核和年度考核。考核期开始时签订的绩效合同或协议一般都规定了绩效目标和绩效衡量标准。在绩效实施过程中收集的、能够说明员工绩效表现的数据和事实，可以作为判断员工是否达到绩效指标要求的依据。

从以上各指标的考核方式的论述中，可以总结出企业员工绩效考核的一般程序，如图6-6所示。

1.确定考核指标、考核者和被考核者

这是考核工作的第一步，即根据绩效管理工作的需要，确定考核期内的考核指标，并根据考核指标的不同设定对应的考核者。一般来说，被考核者的上级是自己"天然"的考核者，这是由管理原则决定的。根据绩效指标的不同还可以设定其他考核者，比如"客户满意度"指标，可以由外部客户进行考核。这里需要说明的是，考核者和指标数据提供者有时不是同一个概念。有的企业把提供指标数据的部门设定为考核者，而有的企业则把上级设定为考核者，但是考核的数据来源于其他部门。

```
企业员工绩效考核的     1. 确定考核指标、考核者和被考核者
一般程序
                      2. 明确考核方法

                      3. 确定考核时间

                      4. 组织实施考核

                      5. 核算考核结果

                      6. 绩效反馈面谈与申诉

                      7. 制订绩效改进的计划
```

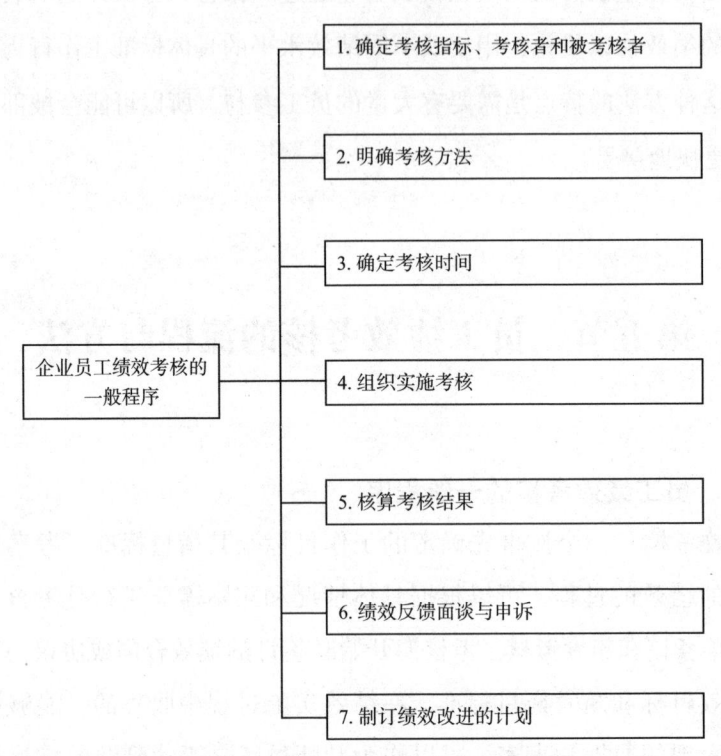

图 6-6　企业员工绩效考核的一般程序

2. 明确考核方法

根据考核指标、考核者以及被考核者的关系，选择合适的考核方式和方法。

3. 确定考核时间

根据周期的不同，结合企业实际情况制定相应的考核时间。比如月度考核一般在下一个月月初进行，季度考核在下一季度的前 10 天进行，半年度考核在每年的 7 月初进行，而年度考核一般在 12 月的中下旬进行。

4. 组织实施考核

在这一流程中，企业所有部门和个人根据层级关系，自上而下进行有

秩序的考核工作。之所以按照自上而下的方式进行考核，是为了方便计算绩效考核成绩。因为要将企业 KPI 得分、部门考核得分以及班组考核得分和岗位绩效得分相结合，只有先取得上级组织的得分才能计算下属员工的考核分数。

5. 核算考核结果

根据所有指标的考核情况，核算每个组织和员工的绩效成果。计算组织和员工的考核得分，首先要计算本身所担负绩效指标的考核得分，包括 KPI、PRI、NNI、PCI 和 WAI 等，根据不同指标的权重进行加权得出分数，这一分数可以称为个人绩效得分，这一分数是反映员工绩效和自身工作能力的真实分数，是对其进行绩效面谈、岗位调动、培训、工资等级变动等工作的依据；将员工的自身绩效得分和上级部门以及企业的考核得分进行结合，得出最终的绩效考核得分，这一分数是进行年度奖金核算的依据。

6. 绩效反馈面谈与申诉

绩效管理的过程不是为员工打出一个绩效考核分数就结束了，管理人员还需要与员工进行一次甚至多次面对面的交谈，以达到反馈与沟通的目的。通过绩效反馈与面谈，使员工了解自己的绩效以及上级对自己的期望，认识自己有待改进的方面。与此同时，员工也可以提出自己在完成绩效目标中遇到的困难，请求上级的指导和理解。有的企业将绩效考核和绩效面谈综合在一起，即考核的过程就是通过面谈的形式进行的，这样也未尝不可。

在绩效管理过程中，员工如果发现有不公平、不公正、不合理的地方可以和考核者面谈、沟通。如果沟通不能达成一致意见，员工可以向人力资源部或绩效管理委员会提出申诉。如果经过调查后发现员工反映的问题属实，绩效管理委员会要对有关责任人进行处罚。

7. 制订绩效改进的计划

传统绩效考核的目的是通过对员工的工作业绩进行评估，将评估结果作为确定员工薪酬、奖惩、晋升或降级的依据。而现代绩效管理的目的不限于此，员工能力的不断提高以及绩效的持续改进和发展才是其根本目的。在绩效考核和绩效面谈的基础上，考核者要根据被考核者的实际情况共同为被考核者制订绩效改进计划。这是绩效考核过程中非常重要的一环，充分体现了现代绩效管理与传统的绩效管理的不同之处。

所以，绩效改进工作的成功与否，是绩效管理过程是否发挥作用的关键。

二、不同类型指标的考核方法

1.KPI 与 PRI 考核

企业 KPI 的考核是通过整体核算的形式进行的，由相关核算部门根据考核周期的不同核算整个企业 KPI 的完成情况，比如企业的销售收入可以由财务部进行核算。由于 KPI 和 PRI 往往会选取一些量化的指标，考核这类指标会有明确的标准，考核起来比较容易，只需比照年初制定的目标和考核标准进行，得出这一指标的考核成绩，并赋予相应的分数。

2.PCI 考核

对员工 PCI 的考核其实是基于胜任特征模型的绩效管理的一部分工作内容。员工绩效的完成，得益于自己的知识、能力与努力（即态度），这些都对绩效结果有影响，所以有必要对这方面的内容进行考核，以确定员工的业务水平与发展方向。因此，这部分内容和员工的职业发展规划联系最密切。由于员工的知识能力以及态度等特质都是在达成绩效结果的过程中表现出来的，而和员工有业务关系的组织和个人能够直接感受到员工这些特质的作用，因此，他们适合做这些绩效指标的考核者，即 PCI 适用于 360 度考核或者 180 度的周边考核（即由员工上级和员工同级对员工进行考核）。基于胜任特征模型的绩效管理在绩效标准的设计上既要设定任务绩效目标，又要设定胜任特征发展目标。相应地，员工的 PCI 标准就是基于胜任特征发展目标而设计的任务绩效目标。在设计 PCI 的同时，还要考虑将员工的贡献和胜任素质发展、目前的价值和对组织长远发展需要的重要性、短期绩效和长期目标相结合。通过将 PCI 作为考核内容，考察员工与岗位在胜任特征上的匹配度，实现员工与岗位的动态匹配；考察员工胜任特征水平的发展情况，促进员工职业生涯的良性发展。

对员工 PCI 考核的步骤如图 6-7 所示。

```
                    对员工 PCI 考核的步骤
                    ┌──────────┴──────────┐
         测评员工目前的胜任特征水平，绘      考察员工与其所在岗位的匹配程度
         制员工胜任特征水平线
```

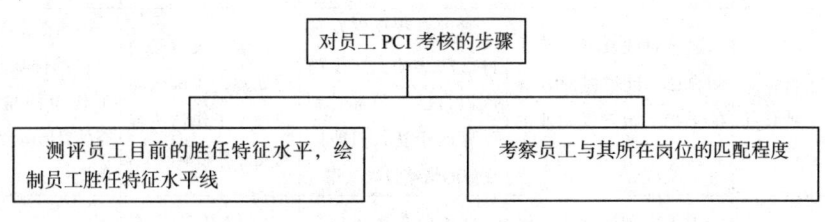

图 6-7　对员工 PCI 考核的步骤

（1）测评员工目前的胜任特征水平，绘制员工胜任特征水平线。根据员工的职业生涯发展规划说明书，收集员工的胜任特征构成、员工现任岗位和各个目标岗位的胜任特征模型。然后以员工的胜任特征构成和岗位的胜任特征模型中的胜任特征为测评指标，将各个指标分级。根据员工的实际情况绘制员工的胜任特征水平线。以某企业的职业经理岗位为例，其胜任特征分级如表 6-6 所示。该职位的胜任素质特征水平如表 6-7 所示。

表 6-6　某企业职业经理岗位胜任特征分级

	分级 胜任特征	A 级	B 级	C 级	D 级
1	战略管理能力	深刻理解企业战略思想，根据企业实际将战略落到实处，并采取相应的措施，保证战略的实现	理解企业战略，能够就战略思想采取措施保证战略的实现	知道企业战略，能够就企业战略有意识地调整自己的工作，以促进战略实现	对企业战略不明确或不了解
2	团队管理能力	根据团队的特点，依据个体的才干有意识地进行优势互补，促进团队任务出色地完成	能够和队员沟通，对团队成员进行管理，使整个团队完成任务	能够维持团队的运转，解决团队运作过程中的问题	不能运作整个团队，甚至不能组建团队

159

续表

	分级 胜任特征	A级	B级	C级	D级
3	创新能力	工作中不断提出新方法措施，善于学习，注意规避风险	工作中能够努力学习，提出新方法，有风险意识	按部就班，很少有新的工作方法与措施	没有创新思维与意识，只能在命令与指示下工作
4	自我管理能力	通过自我反省正确认知自己。能够排除外界的干扰，始终以职业的状态投入工作中	通过自我反省发现自己的优缺点，正确认识自己。经常受到外界的干扰，但能以良好的情绪投入工作	能够发现自己的优缺点，正确认知自己。工作情绪容易受外界影响	不能正确认识自己的优缺点，工作中的情绪受外界影响波动很大
5	市场开拓能力	善于发现新业务、潜在客户，不断总结市场开拓经验，联络老客户，积极发展新客户	能够收集市场信息与竞争对手的情况，能够联络老客户，发展新客户	能够开发新客户，但是不能总结经验，市场研究分析方法不充分	没有市场开拓精神，不掌握市场开拓方法
6	问题解决能力	能够巧妙地和建设性地解决不同问题	能够解决已发生的问题，不至于对工作产生大的负面影响	解决问题的方式方法生硬，经常影响工作进行	遇到问题束手无策，需要借助外力解决
7	决策能力	善于确定决策时机，提出可落地执行的方案，优化选择，对困难的事项处理果断得当	能够把握决策时机，在权衡、选择上存在不当，大多数日常事务处理果断得当	能够确定决策时机，但很少提出可落地执行的方案，需要求助于外力帮助	缺乏主见，决策力差
8	进取心	有强烈的使命感和事业心，主动迎接工作挑战	具备较强的事业心，坚持学习，吸收新知识	具有事业心，主动学习，注重自己能力提高	热爱本职工作，能够完成份内工作任务
9	人际交往能力	对人际交往保持高度的兴趣，能够赢得他人的尊重和信赖，从而营造良好的人际交往氛围	对人际交往保持兴趣，能够赢得他人的尊重和信赖，能够和人建立较好的人际关系	对人际交往有兴趣，通过努力能够与人建立人际关系	性格孤僻，不宜与人沟通，无法与人建立关系

表 6-7 员工胜任特征水平线

等级 胜任特征		等级指标及胜任特征水平线			
		A级	B级	C级	D级
1	战略管理能力		●		
2	团队管理能力	●			
3	创新能力		●		
4	自我管理能力		●		
5	市场开拓能力		●		
6	问题解决能力	●			
7	决策能力	●			
8	进取心		●		
9	人际交往能力		●		

（2）考察员工与其所在岗位的匹配程度。根据胜任特征指标及其分级情况编制等级评分表，然后对照岗位等级评分表和员工个人胜任特征水平线，给员工打分。假设张某任职于该岗位，对照该企业职业经理胜任特征等级评分表和员工胜任特征水平线，具体如表 6-8 所示，可以得到各项胜任特征项目的满分值，即 g_i 值，根据员工的实际表现情况对各个项目进行打分，得到 f_i 值，则 $\sum f_i$ 就是张某的 PCI 打分。由于不同员工的胜任特征水平线对应的特征项满分不同（即 $\sum g_i$ 不同），不能直接比较不同员工间的 PCI 打分值（即 $\sum f_i$ 值）。为了对员工间的 PCI 水平进行比较，需要作如下处理，如令：

$$T = \frac{\sum f_i}{\sum g_i} \times 100\%$$

将 T 作为员工的 PCI 考核成绩，可以比较不同员工的 PCI 绩效水平高低。比如根据表 6-8 的数据可以计算张某的 PCI 考核成绩 =80÷86×100 ≈ 93，根据每个员工的 PCI 权重，将其和本员工的 KPI、PRI、NNI 进行综合，以得出张某的全面绩效考核成绩。

通过表 6-8 还可以计算员工与现在岗位的匹配度。在表 6-8 的最后一列，设 $S = \sum E_i$，|S| 越小，匹配度越高，当 |S| = 0 时，匹配度最好。如

果 $S>0$，则说明该员工的胜任特征已经超越了现在岗位的要求。S 越大，则说明其胜任特征越高，可以考虑某种程度的晋升；相反，如果 $S<0$，则说明该员工的胜任特征不能满足目前岗位的要求，S 越小，则说明胜任特征水平越低，需要对其进行具有针对性的培训或岗位变动。

表 6-8 员工与其所在岗位匹配情况的得分

序号	胜任特征名称	等级指标及胜任特征等级分数				满分 g_i	打分 f_i	差分 $E_i=f_i-g_i$
		A 级	B 级	C 级	D 级			
1	战略管理能力	12	9	5	0	9	9	0
2	团队管理能力	12	8	4	1	12	12	0
3	创新能力	12	9	6	2	9	6	−3
4	自我管理能力	10	8	5	0	8	8	0
5	市场开拓能力	10	8	5	1	8	8	0
6	问题解决能力	10	7	5	2	10	7	−3
7	决策能力	12	10	7	0	12	12	0
8	进取心	10	8	5	2	8	8	0
9	人际交往能力	12	10	7	0	10	10	0
总计（Σ）						86	80	−6

3. NNI 考核

企业 NNI 考核是由绩效管理委员会通过否决考核来进行的，根据相关部门提供的 NNI 的异常数据，绩效管理委员会直接考核相关的组织和个人，根据标准直接减去相关分数，并直接落实到当事人和所在组织。

案例 6-3 绩效管理反反复复，无法兑现承诺怎么办？

某公司引入绩效管理体系后，成立了绩效小组来负责推行绩效管理。该公司的领导很重视这件事，经常询问绩效小组的工作进展情况。绩效小组也没有闲着，为了让员工接受绩效管理，做了大量的宣传工作，一时间，公司内部从管理者到员工，只要聊天都会聊到新的绩效管理制度。

年底绩效考核。人力资源部却向全体员工发了一份公告，公告表示新的绩效管理制度存在不合理之处，需要改进，年底的考核仍按原标准实施。

第六章 工作做得好，不一定考核就好（绩效考核）

公告一出，公司上下顿时议论纷纷，大家都认为公司在"忽悠"他们，而人力资源部似乎没有意识到这件事情的严重性。

经过绩效管理体系的改进后，该公司向员工发出通知实行新的绩效管理制度，这时不少员工提出了反对，因为他们害怕相同的事情再次发生。尽管人力资源部保证不会再出现类似的状况，但员工仍表示不信任，这使该公司的绩效管理制度难以推行。

请问，导致该公司绩效管理制度难以推行的原因是什么？

【解析】从以上案例可以看出，该公司忽略了承诺的兑现，在此之前也没有和员工沟通过，自然会导致员工的不信任，以致员工抵制新的绩效管理制度。

建立信任感很难，但要毁掉信任感只需一分钟就可以。在绩效管理中，管理者一定要重守承诺，这种承诺表现在绩效管理制度中对员工作出的约定，如绩效考核的程序、考核的内容和形式、考核结果应用等。对于这些约定，一定要兑现承诺，这样才能使员工对绩效制度产生信任感，员工才会服从公司的管理。

案例 6-4 中层管理干部考核管理，如何实施更有效？

广州某公司为提高中层管理干部的工作绩效，人力资源部制定了《中层干部考核办法》。在年底正式进行考核之前，人力资源部又出台当年的具体考核方案。考核小组由公司高层和各相关职能部门组成。考核流程包括被考核者写述职报告并进行述职，考核小组写出评价意见并征求主管副总的意见，人力资源部汇总提报公司总经理。考核的内容包括三个方面：①被考核者所在部门的经营管理情况，包括该财务情况、经营情况、管理目标的实现等方面。②被考核者的管理工作情况。③下一步的工作计划。中层干部的述职完成后，公司领导在年终总结会上进行说明，并将具体的情况反馈给个人。

请结合本案例分析，中层管理干部考核管理，如何实施更有效？

【解析】绩效考核是公司进行目标管理的手段。绩效考核，不仅对考核对象的工作目标进行梳理，而且对工作结果的达成有直接的导向作用。中层管理人员的绩效考核，要充分考核其工作职责、工作特点，是否能够通过工作沟通确保目标的分解，以及目标的最终达成情况。同时，考核要与奖惩挂钩。

中层管理干部考核要重点考核管理人员在部门管理、人员培养、团队建设等方面的工作，还要重点关注部门职能、工作职责的履行情况以及关键工作项目的完成情况，要保证考核的有效性，需要做好以下工作：

（1）明确考核目的，以工作业绩为主，兼顾管理绩效（部门管理、团队建设、人员培养）。

（2）确定考核内容，定量与定性相结合。对于不同工作性质的管理人员，考核的主要内容要适当区分，设置绩效考核指标时支持性部门（行政、人力资源、财务等）定性指标较多，业务部门、研发部门定量指标较多。

（3）绩效面谈。绩效考核的过程是工作沟通的过程。

（4）绩效结果运用。将中层管理人员的考核结果与晋升、工资调整挂钩。

第七章
拿考核结果来说话(绩效反馈)

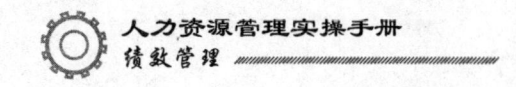

第一节 绩效反馈

一、什么是绩效反馈

绩效反馈指的是在绩效考核之后，管理者与员工通过绩效面谈的形式，告知员工在绩效周期内的绩效考核结果，并且双方对该结果都表示认可，再共同分析绩效不合格的方面及理由，制订改进绩效计划的整个过程。只有通过绩效反馈才能实施真正的绩效管理，才能让被评估者了解自己的绩效状况。研究表明，反馈是使人产生优秀表现的重要条件之一，而缺乏具体、频繁的反馈是绩效不佳最普遍的原因之一。

二、绩效反馈的意义

绩效反馈是对员工在整个绩效周期工作完成情况的全面体现，建立起了员工与考核者沟通的桥梁，使考核的绩效结果公开化，保证了考核的公正性。有效的绩效反馈有利于增强企业的核心竞争力，如图7-1所示。

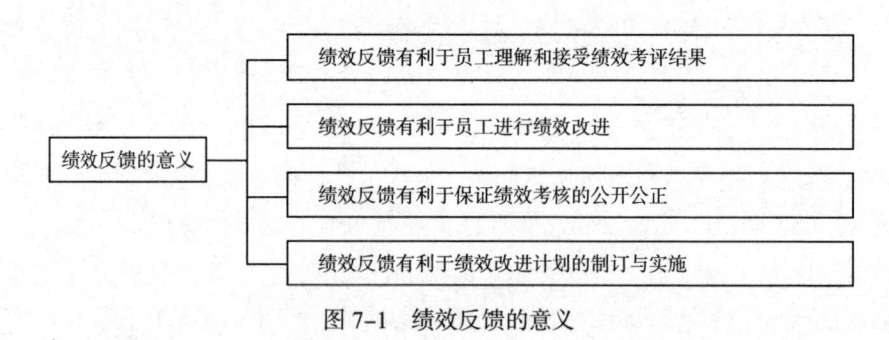

```
                ┌─ 绩效反馈有利于员工理解和接受绩效考评结果
                │
                ├─ 绩效反馈有利于员工进行绩效改进
  绩效反馈的意义 ┤
                ├─ 绩效反馈有利于保证绩效考核的公开公正
                │
                └─ 绩效反馈有利于绩效改进计划的制订与实施
```

图 7-1 绩效反馈的意义

第一，绩效反馈有利于员工理解和接受绩效考评结果。管理人员与员工对于绩效的评价可能存在不同理解，而管理者的主观评估，将会影响员工的积极性。因此，管理者和员工进行绩效沟通，告知员工其自身真正的绩效水平，并与之就评价结果进行讨论，发现结果不合格处存在的原因与解决措施，就能使员工充分理解和接受评价的结果；员工对自身评价结果的不认可也会影响其个人以及团队的绩效，绩效反馈使员工可以就绩效评估中的问题和自身想法与管理者进行交流，解释自己绩效评估不合格的主要原因，并与管理者达成绩效评价结果的共识，提高绩效评估结果的可接受性。

第二，绩效反馈有利于员工进行绩效改进。绩效反馈对于绩效水平的全面分析使管理者在了解员工取得成就时，给予相应的认可和奖励，可以起到激励员工的作用。同时，在发现员工目前绩效的不足之处时，给员工的工作提出意见和建议，促使员工的绩效进一步提升。

第三，绩效反馈有利于保证绩效考核的公开公正。绩效反馈可以保证绩效考核结果的公平、公正和客观性，并使员工相信绩效考核的真实性；此外，反馈面谈可以促使管理者认真对待绩效考核工作，摒弃考核过程中的主观性。

第四，绩效反馈有利于绩效改进计划的制订与实施。员工与管理者在对绩效评估的结果达成一致后，可为当前绩效存在的不足制订改进计划。缺乏管理者的参与，则会使员工缺少绩效改进的动力，就很难真正找出绩效改进的有效途径；而员工参与绩效改进计划的制订过程则使绩效改进计划的实施更加顺利。

温馨提示

绩效管理专员在进行绩效诊断时，应注意的事项

1. 先客观再主观

在进行绩效诊断的时候，对于多类型的绩效指标，绩效管理专员应当本着先客观再主观的原则进行诊断。通过数据量化明确表示的绩效问题能被绩效管理专员更精确地把握，应当被优先进行诊断和处理，而偏主观感受的绩效问题，应当延后处理。

2. 先环境再个人

当绩效出现问题的时候，大多数人通常第一时间想到的是怎么给被考核人设置培训以提高被考核人的素质。实际上，往往改变环境的成本更低，见效更快，甚至更容易。

所以当某部门的绩效结果较差，企业人力资源部对该部门进行绩效诊断的时候，应当按照吉尔伯特行为工程模型（BEM），依次在信息、资源、奖励/后续结果的环境因素，到知识/技能、素质、动机的个人因素中查找问题。

3.先主要再次要

影响绩效结果的原因和因素很多，可能经过绩效诊断，绩效专员能够总结出几十项甚至上百项的问题需要改变。这时候，在企业资源有限的情况下，应当对问题进行分类判断，先解决主要的、重要的问题，再解决次要的、不重要的问题。

4.先总结再改进

各部门不能盲目地进行绩效改进，在这之前，一定要先进行绩效诊断总结。参照吉尔伯特行为工程模型（BEM），在查找出问题之后，先总结出优秀的经验，再通过对优秀经验的推广进行绩效改进。

三、绩效反馈的分类

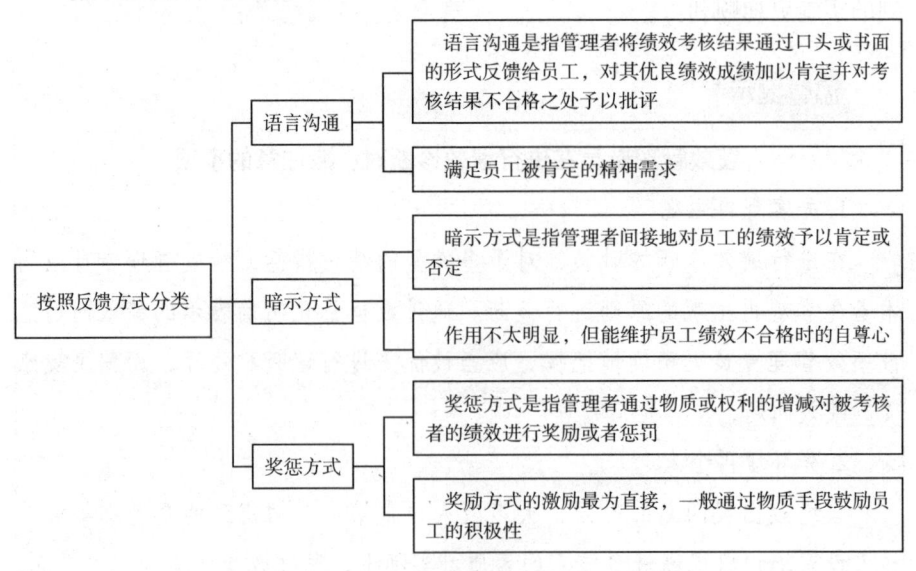

1.按照反馈方式分类

按照反馈方式分类，如图7-2所示。

按照反馈方式分类		
	语言沟通	语言沟通是指管理者将绩效考核结果通过口头或书面的形式反馈给员工，对其优良绩效成绩加以肯定并对考核结果不合格之处予以批评
		满足员工被肯定的精神需求
	暗示方式	暗示方式是指管理者间接地对员工的绩效予以肯定或否定
		作用不太明显，但能维护员工绩效不合格时的自尊心
	奖惩方式	奖惩方式是指管理者通过物质或权利的增减对被考核者的绩效进行奖励或者惩罚
		奖励方式的激励最为直接，一般通过物质手段鼓励员工的积极性

图7-2 按照反馈方式分类

2. 按照反馈中管理者的参与程度分类

按照反馈中管理者的参与程度分类，如图 7-3 所示。

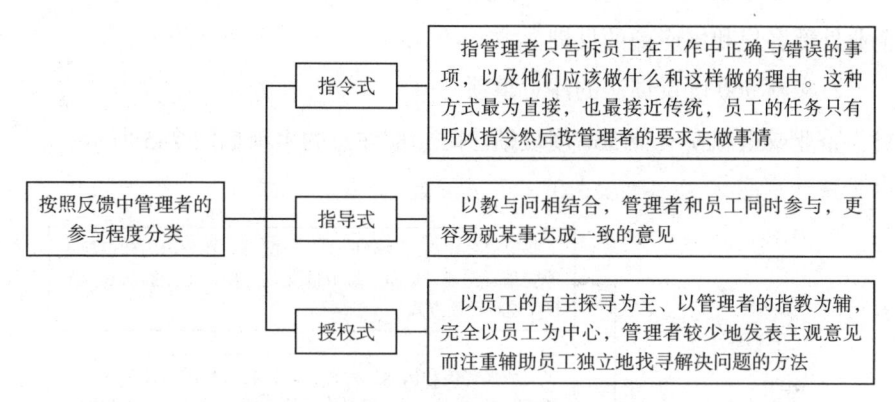

```
按照反馈中管理者的       ├── 指令式 ── 指管理者只告诉员工在工作中正确与错误的事
参与程度分类                         项，以及他们应该做什么和这样做的理由。这种
                                    方式最为直接，也最接近传统，员工的任务只有
                                    听从指令然后按管理者的要求去做事情
                        ├── 指导式 ── 以教与问相结合，管理者和员工同时参与，更
                                    容易就某事达成一致的意见
                        └── 授权式 ── 以员工的自主探寻为主、以管理者的指教为辅，
                                    完全以员工为中心，管理者较少地发表主观意见
                                    而注重辅助员工独立地找寻解决问题的方法
```

图 7-3 按照反馈中管理者的参与程度分类

3. 按照反馈的内容和形式分类

按照反馈的内容和形式分类，如图 7-4 所示。

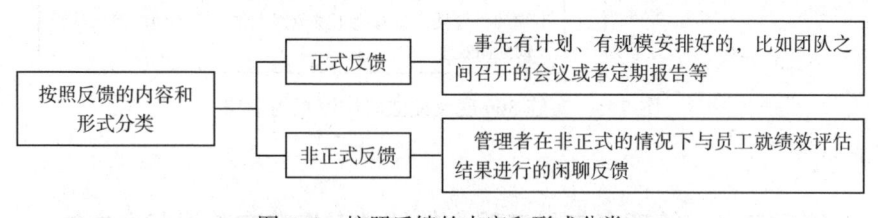

```
按照反馈的内容和       ├── 正式反馈 ── 事先有计划、有规模安排好的，比如团队之
形式分类                           间召开的会议或者定期报告等
                      └── 非正式反馈 ── 管理者在非正式的情况下与员工就绩效评估
                                     结果进行的闲聊反馈
```

图 7-4 按照反馈的内容和形式分类

四、360 度绩效反馈

在组织中，人们越来越倾向于向各类人征求关于个人绩效的意见，评价主体可能是管理者、同事、组织内部和外部的客户及其他人。在绩效管理中进行"全面"的信息评价后，通过结果反馈，以改善被评价者的行为，提高其未来工作绩效，促进员工未来发展的过程称为 360 度绩效反馈。所谓 360 度绩效反馈，是指帮助一个组织的成员（主要是管理人员）从与自己发生工作关系的所有主体那里获得关于本人绩效信息反馈的过程。

1. 360度反馈的信息来源

一般来说，绩效反馈主要包括来自上级监督者的自上而下的反馈；来自下级的自下而上的反馈；来自本人的反馈；来自平级同事的反馈；来自企业外部客户和供应商的反馈。

2. 实施360度反馈法的注意事项

企业或组织在实施360度反馈法时，应注意的事项如图7-5所示。

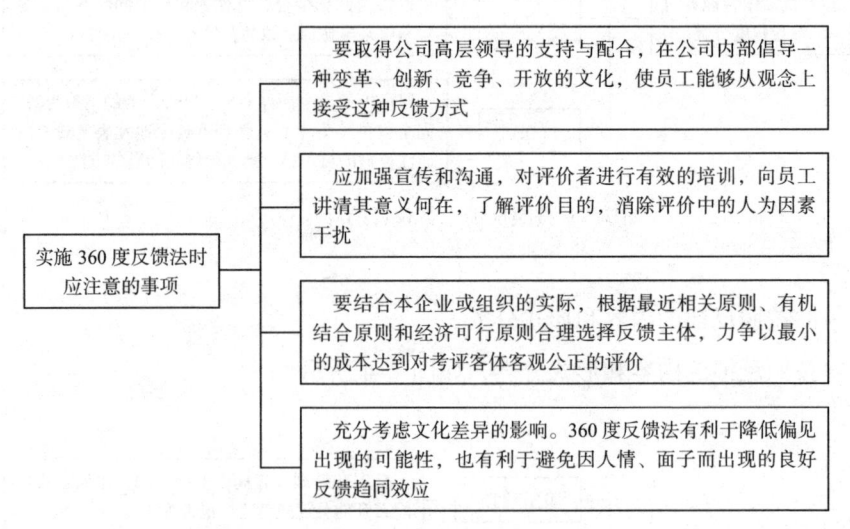

```
实施360度反馈法时应注意的事项
├── 要取得公司高层领导的支持与配合，在公司内部倡导一种变革、创新、竞争、开放的文化，使员工能够从观念上接受这种反馈方式
├── 应加强宣传和沟通，对评价者进行有效的培训，向员工讲清其意义何在，了解评价目的，消除评价中的人为因素干扰
├── 要结合本企业或组织的实际，根据最近相关原则、有机结合原则和经济可行原则合理选择反馈主体，力争以最小的成本达到对考评客体客观公正的评价
└── 充分考虑文化差异的影响。360度反馈法有利于降低偏见出现的可能性，也有利于避免因人情、面子而出现的良好反馈趋同效应
```

图7-5 实施360度反馈法时应注意的事项

案例7-1 管理者与员工眼中的绩效考核存在差异怎么办？

绩效考核开始了，原本每月陈某的工资是4000元，现在陈某的工资是3500（固定工资）元+500（绩效工资）元。通常情况下，陈某的表现处于中等位置，即80分。按照公司的考核方案，每月他的工资只能是3500+500×80%=3900元。现在，干同样的工作，他的工资少了100元，看起来绩效考核就是为了扣钱而制定的。请问，是绩效考核制度不合理吗？

【解析】从以上案例可以看出，在管理者眼中和员工眼中，绩效考核是不一样的。但员工之所以觉得绩效考核就是扣钱，是因为从绩效结果来看，如果考核达标，员工只能拿到和以前一样的工资，如果考核没达标或离达标差距很大，就只能拿到更少的工资。

如果绩效考核的事实就是这样，管理者就要审视自己的绩效指标是否设定得科学、合理。绩效考核的目的是激励员工，而不是让员工感到只有罚而没有奖。那么怎样才能起到激励作用呢？举个简单的例子：如果员工平时的工资是 5000 元，当他的绩效达标时，他能拿到最多 8000 元的工资，如果他没有达到绩效指标，那么他就只能拿到 5000 元。这样员工会为了让自己的工资达到 8000 元而努力，绩效就起到了激励的作用。

从反馈来看，如果绩效监控与辅导不到位也会让员工排斥绩效考核。如绩效考核只是在截止日期前发个通知，平时则不管不问，员工怎么会不抱怨？因此，要想让员工不排斥绩效考核还要做好日常的绩效监控和绩效辅导工作。

案例 7-2　如何理解有针对性的正面反馈绩效结果？

G 公司某部门提前完成了当月项目任务，部门经理开会表扬大家说道："大家这段时间辛苦了，公司表扬了我们部门，非常认可我们的付出。你们的服务让客户非常满意，公司总部还推荐其他客户给业务部，我在这里也表扬大家，希望大家再接再厉。"

到了下个月，项目的业绩不升反降，这让经理百思不得其解，心想："怎么表扬了大家，反而大家的工作热情没有以前高了，特别是之前经常加班加点赶项目的小林和小田。"

原来，这个部门只有小林和小田经常加班赶项目，为提前完成项目作出了突出贡献，而其他员工每天只是完成固定任务。结果大家都受到了表扬，小林和小田的热情也就下降了。该经理的做法有什么问题？

【解析】本案例中，该经理的表扬对象是部门所有员工，并没有有针对性地进行反馈。其实该经理可以这样表扬，"最近大家都辛苦了，但我要特别表扬小林和小田，他们二人加班加点赶项目，作出了突出贡献，公司决定给予他们二人奖金奖励，希望大家都向他们学习。"正面反馈只有针对到个人，员工才能感受到领导的关心，表扬要有针对性才能达到目的。

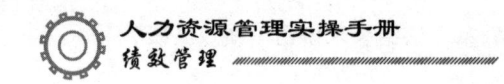

第二节 绩效反馈面谈

一、什么是绩效反馈面谈

绩效反馈面谈是一种正式的绩效沟通。在绩效管理过程中，绩效评估结果确定后，管理者与员工针对绩效的评估结果，结合员工自身思想行为等方面进行面对面的交流与讨论，共同分析绩效不佳的方面及原因，从而指导员工进行绩效改进的管理活动被称为绩效反馈面谈。

绩效反馈面谈的内容一般包含工作业绩、行为表现、改进措施和新的目标四个方面，如表 7-1 所示。工作业绩是最为重要的反馈项目，对工作绩效的总结反馈能更好地达到绩效反馈的目的，提高员工的个人绩效。管理者与员工通过回顾上一绩效周期的绩效计划和绩效标准，找出绩效未能有效达成的原因，为以后更好地完成工作打下基础。行为表现包括工作态度、工作能力等，对员工工作态度和工作能力的关注可以帮助他们更好地提高自己的技能，也有助于其职业生涯发展。改进措施是针对员工绩效不合格之处进行分析并由管理者帮助员工制订具体的绩效改进计划。最后，管理者结合上一绩效周期的绩效计划完成情况以及员工新一周期的绩效任务，和员工一起制订新的绩效计划。

表 7-1 绩效面谈记录表

部门			
被考核者		姓名：	岗位：
考核者		姓名：	岗位：
工作业绩			
行为表现			

续表

改进措施	
新的目标	

二、为什么要进行绩效反馈面谈

有的企业不是很重视绩效反馈面谈这个环节，认为填写评估表格、算出绩效评估的分数就是绩效评估的全部内容。其实，仅仅做完评估还不够，还不能达到让被评估者改进绩效的目的。让被评估者了解自己的绩效状况、将管理者的期望传递给被管理者，必须通过绩效反馈面谈进行沟通。

绩效反馈面谈的主要目的如图7-6所示。

（1）对被评估者的表现达成双方一致的看法。对同样的行为表现，往往不同的人会有不同的看法。管理人员对员工的评估代表的是管理人员的看法，而员工可能会对自己的绩效有另外的看法，因此，必须进行沟通来达成一致的看法，这样才能制订下一步的绩效改进计划。

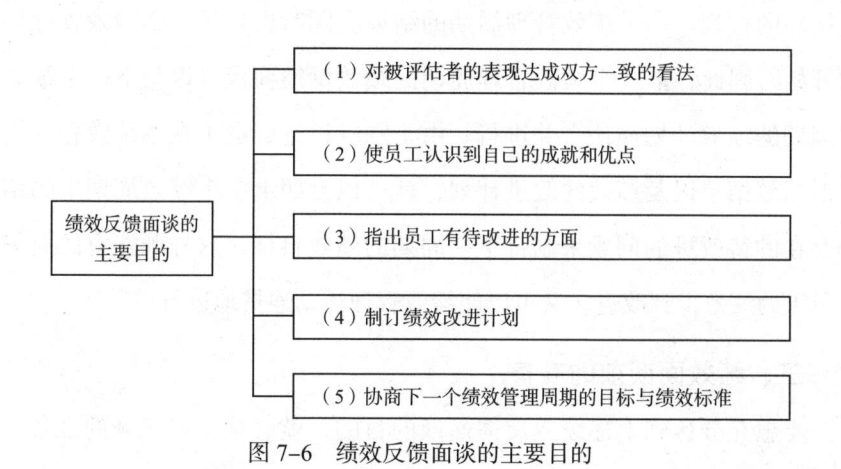

绩效反馈面谈的主要目的：
- （1）对被评估者的表现达成双方一致的看法
- （2）使员工认识到自己的成就和优点
- （3）指出员工有待改进的方面
- （4）制订绩效改进计划
- （5）协商下一个绩效管理周期的目标与绩效标准

图7-6 绩效反馈面谈的主要目的

（2）使员工认识到自己的成就和优点。每个人都有被他人认可的需要。当一个人做出成就时，他需要得到其他人的承认或肯定。因此，绩效反馈面谈的一个很重要的目的就是使员工认识到自己的成就或优点，从而对员工起到正向的激励作用。

（3）指出员工有待改进的方面。员工的绩效中可能存在一些不足之处，或者员工目前的绩效表现比较优秀，但如果今后想要做得更好仍然有一些需要改进的方面，这些都是在绩效反馈面谈过程中应该指出的。通常来说，员工想要听到的不只是肯定和表扬的话，他们也需要有人中肯地指出其有待改进的方面，帮助其在未来的工作中，不断提高绩效成绩。

（4）制订绩效改进计划。在双方对绩效评定的结果达成一致意见之后，员工和管理人员可以在绩效反馈面谈过程中一同制订绩效改进计划。通过绩效反馈面谈，双方可以就如何改进绩效的方法和具体的计划进行充分的沟通。员工可以提出自己的绩效改进计划并且向经理人员提出自己需要他提供怎样的支持，以及如何让经理人员得到自己的绩效改进信息。经理人员则对员工如何改进绩效提供自己的建议。

（5）协商下一个绩效管理周期的目标与绩效标准。绩效管理是一个往复循环的过程。一个绩效管理周期的结束，同时也是下一个绩效管理周期的开始。因此，上一个绩效管理周期的绩效反馈面谈可以与下一个绩效管理周期的绩效计划面谈合并进行。由于刚刚讨论完员工在本绩效管理周期中的绩效结果以及绩效的改进计划，就可以参照上一个绩效周期中的结果和存在的待改进的问题来制订下一周期的绩效目标，这样既能有的放矢地使员工的绩效得到改进，又可以使绩效管理活动连贯地进行。

三、绩效面谈前的准备

要想充分达到上述绩效反馈面谈的目的，就必须做好充分的准备。由于绩效反馈面谈是主管人员与员工双方的责任，主管人员和员工都应该为绩效反馈面谈做好各自的准备。

1. 主管人员应该做的准备

主管人员应该做的准备如图 7-7 所示。

第七章 拿考核结果来说话（绩效反馈）

```
                          ┌─ 选择主管人员和员工双方都有空闲的时间
                          ├─ 尽是不要选择接近下班的时间
              (1)选择适宜的时间 ┤
                          ├─ 主管人员要选择一个自己可以全身心投入绩效反馈面谈中的时间
                          └─ 主管人员提出的时间要征得员工的同意。

                          ┌─ 通常，主管人员的办公室是最常用的绩效反馈面
              (2)准备适宜的场地 ┤   谈场地，办公室给人以一种严肃、正式的感觉
绩效                        └─ 类似咖啡厅的场所，因为在这样的环境中员工会
面谈                             感到比较放松，容易充分表达真实的感受
前主
管人          (3)准备面谈的资料 ─── 这些资料包括对员工的绩效进行评估的表格、员
员应                             工日常工作表现的记录等
该做
的准          (4)对面谈对象的预期   主管人员除了要准备时间、场地和资料外，还要
备              表现有所准备    ─── 对将要进行面谈的对象有所准备

                          ┌─ 首先，要计划好如何开始
              (5)计划好面谈的程序 ┤
                          └─ 其次，要计划好绩效反馈面谈的过程
```

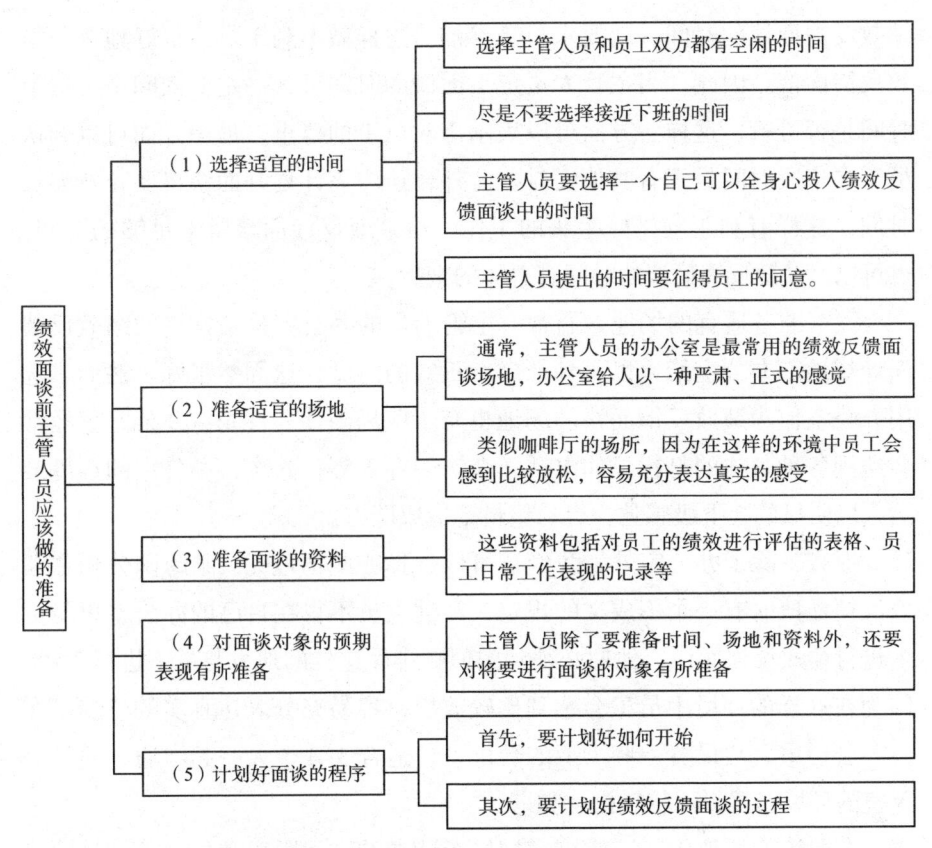

图7-7 绩效面谈前主管人员应该做的准备

（1）选择适宜的时间。选择什么时间进行绩效反馈面谈非常关键。主管人员在选择时间时通常要注意以下几个问题：

选择主管人员和员工双方都有空闲的时间。如果在绩效反馈面谈的时间又安排了其他事情，那么在绩效反馈面谈时就很难集中注意力，难免要想到其他事情。

尽量不要选择接近下班的时间。因为，在接近下班的时候进行绩效反馈面谈的时间有限，主管人员与员工双方很难集中精力进行深入交流。

主管人员要选择一个自己可以全身心投入绩效反馈面谈中的时间。这段时间不要被其他事情打断，不要将其他工作中的事情带入绩效反馈面谈中。

主管人员提出的时间要征得员工的同意。有些主管人员自己定下一个

绩效反馈面谈的时间，就要求员工参加。这样做不利于员工很好地参与绩效反馈面谈。因此，当主管人员定下面谈的时间后，一定要询问员工这个时间是否可行，这样一方面可以表示出对员工的尊重，另一方面可以确认员工在这段时间是否有其他安排。此外，还应该计划好面谈将要花费多长时间，这样有利于安排好手头的工作，给绩效反馈面谈留下足够的时间，也可以对绩效反馈面谈的时间有总体的把握。

（2）准备适宜的场地。通常，主管人员的办公室是最常用的绩效反馈面谈场地。办公室给人以一种严肃、正式的感觉，这固然很好。然而，选用办公室作为绩效反馈面谈的场地也有一些局限性。首先，办公室里经常会遇到各种各样的打扰，如电话、来访的客人等；其次，办公室的环境会给人以明显的上下级感觉，容易给员工造成压力。

那么，除了办公室外，我们还可以选择哪些场地呢？某跨国公司在绩效反馈面谈时有一个不成文的规定，经理人员不得在自己的办公室里与员工进行绩效反馈面谈，他们必须到类似咖啡厅这样的地方与员工进行面谈，因为在这样的环境中员工会感到比较放松，容易充分表达真实的感受。在有些公司里，会设置一些小型的会议室，适合3~4个人一起沟通，而且会议室的环境布置得比较轻松、和谐。

在面谈的场地中，还应该安排好谈话者的空间距离和位置。这是面谈沟通中一个非常重要的问题。距离太远，沟通的双方无法清晰地获得信息；距离太近，又会使对方感到私人的领域受到侵犯，造成一种压抑感。面谈中的座位位置形式如图7-8所示。

A	圆桌会议的形式，主管人员与员工分别坐在圆周上
B	方桌形式，主管人员与员工成一定的角度而坐
C	方桌形式，主管人员与员工相对而坐，距离较近
D	方桌形式，主管人员与员工相对而坐，距离较远
E	方桌形式，主管人员与员工坐在桌子的同一侧

图7-8　面谈中的座位位置形式

究竟采用哪种位置最好呢？

在绩效反馈面谈中，如果采用C这样的形式，主管人员与员工面对面而坐，双方距离较近，目光直视，容易给员工造成心理压力，使员工紧张不安，以致无法充分表达出自己的想法。D这样的形式，双方距离太远，不利于交流，同时，空间距离过远也拉大了人们的心理距离，不利于双方更好地合作。如果采用E这样的形式，主管人员与员工坐在桌子的同一侧，心理距离较近，不易造成心理压力，但对那些不够开放的员工来说，这样近的距离反而会使他们感觉到不自在、有压力，而且不利于观察对方的表情。采用A这样的形式，排列成圆桌形，使人不会产生太大的心理压力，同时气氛也较为严肃。采用B这样的形式，主管人员与员工成一定角度而坐，避免目光直视，可以缓和心理紧张，避免心理冲突，同时也有利于观察对方的表情和非言语行为。因此，笔者建议通常情况下最好采用A、B这两种位置排列来进行绩效反馈面谈沟通。

（3）准备面谈的资料。在进行绩效反馈面谈之前，主管人员必须准备好面谈所需的各种资料。这些资料包括对员工的绩效进行评估的表格、员工日常工作表现的记录等。在与员工进行绩效反馈面谈之前，主管人员必须对有关资料了然于胸，当需要的时候可以找到相关的内容。在面谈过程中最尴尬的事情就是左翻右翻找不到所说的内容，或者当员工提到评估表格中的内容时主管人员表现出十分诧异的样子。

（4）对面谈对象的预期表现有所准备。在面谈之前，主管人员除了要准备时间、场地和资料外，还要对将要进行面谈对象的预期行为和情绪有所准备。这是一种心理上的准备，要做好这种准备，就必须很好地了解被评估对象的个性特征，以及本次绩效评估结果对其的影响，从而推测出被评估对象对本次绩效评估可能表现出来的态度等。尤其是当被评估对象与主管人员的意见出现不一致时，将要如何沟通并处理，最终使双方达成一致同意。例如，有的员工可能在本次绩效评估中得到的评价比较低，这虽然是基于事实的客观评估，但可能与员工的自我评估有一定差距，员工不能接受评估结果。而且有些员工过于敏感，情绪波动较大。有些员工则提出超出绩效评估范围的问题,如职位的晋升、薪资的调整和奖金的发放比例等,主管人员也要准备好对于这些问题的回答。

(5)计划好面谈的程序。整个面谈的过程需要事先做好计划。计划的内容包括面谈的开场白方式、面谈的过程以及如何结束面谈。

2. 员工应该做的准备

员工应该做的准备如图 7-9 所示。

(1)准备表明自己绩效的资料或证据。由于在绩效反馈面谈过程中往往需要员工根据自己的工作目标逐项陈述绩效情况,员工要充分地准备表明自己绩效状况的一些事实依据。对于完成得好的工作任务,需要以事实为依据来说明理由,对于完成得不好的工作任务也需要以事实为依据来说明理由。

```
                            ┌─(1)准备表明自己绩效的资料或证据
                            │
                            ├─(2)准备好个人的发展计划
绩效面谈前员工应该做的准备 ──┤
                            ├─(3)准备好向主管人员提出的问题
                            │
                            └─(4)将自己的工作安排好
```

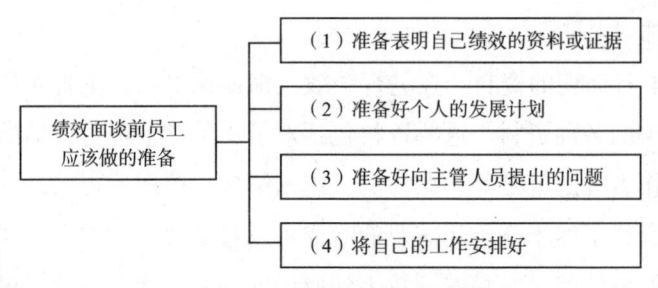

图 7-9 绩效面谈前员工应该做的准备

(2)准备好个人的发展计划。绩效反馈面谈注重现在的表现,更注重将来的发展。因此,主管人员除了想了解员工对个人过去绩效的总结和评价,也希望了解到员工个人的未来发展计划,特别是针对绩效中不足的方面如何进一步改进和提高的计划。能够自己提出发展目标和计划,而不是等待主管人员为自己制订发展计划,这种做法能够体现员工自身的能力和工作态度,是管理者应该鼓励员工具备的行为能力。

(3)准备好向主管人员提出的问题。绩效反馈面谈是一个双向交流的过程,不但主管人员可以问员工一些问题,员工也可以主动向主管人员提出一些自己所关心的问题。绩效反馈面谈通常是一对一地进行单独交谈,因此员工不必有太多顾虑，可以放松地进行沟通。员工可以准备好一些与绩效管理有关的问题，以便在面谈中向主管人员提问。

（4）将自己的工作安排好。由于绩效反馈面谈可能要占用1~2小时的时间，员工应在这段时间内避开一些重要的事情。如果有非常紧急的事情，交代同事帮助处理一下。

总之，绩效反馈面谈是主管人员和员工有计划有准备地进行的一项活动，在双方的共同努力下才能很好地完成这项工作。

四、绩效面谈的步骤

1. 面谈的开场

绩效反馈面谈有各种各样的开场白，采取什么样的开场白要取决于具体的谈话对象和情境。有的情况下，员工可能会对绩效反馈面谈比较紧张，这时主管人员不妨以一些轻松的话题，如运动、天气等开始谈话，缓和一下气氛。如果员工对绩效反馈面谈的目的比较理解，并且能够心平气和地接受绩效评估的结果，主管人员不妨直接切入主题。

同时管理者需要向员工说明面谈的目的和流程，尽量创造舒适开放的氛围，帮助员工放松心情，保障员工能够自由轻松地交流自己的看法。但要因人而异调整面谈的氛围，寻找合适的切入技巧。

2. 面谈的实施

在绩效反馈面谈过程中，首先，管理者应当告知员工上期绩效考评的结果，指出员工的成绩和不足，对绩效良好的方面表示肯定，就不足的方面探讨问题产生的原因，强调员工的优点，对不良的方面也不能一味批评，注意选取正确的沟通方式及时调整反馈的方法，避免发生冲突，注意倾听员工的想法，记录员工不同意见并及时反馈；其次，当员工对绩效评价结果有异议时，管理者应采取正确的方式对待，就争议问题给出满意的答复；最后，管理者需要讨论绩效改进计划中所需的资源支持，并确定下一阶段的工作目标和签订绩效计划协议。绩效反馈面谈的实施过程如图7-10所示。

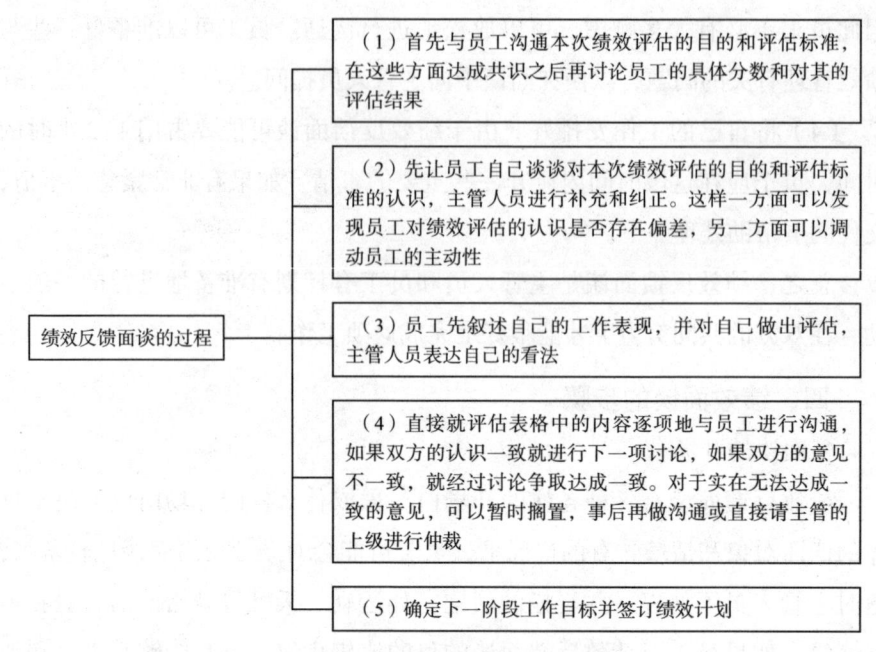

```
绩效反馈面谈的过程 ─┬─ (1) 首先与员工沟通本次绩效评估的目的和评估标准，在这些方面达成共识之后再讨论员工的具体分数和对其的评估结果
                    │
                    ├─ (2) 先让员工自己谈谈对本次绩效评估的目的和评估标准的认识，主管人员进行补充和纠正。这样一方面可以发现员工对绩效评估的认识是否存在偏差，另一方面可以调动员工的主动性
                    │
                    ├─ (3) 员工先叙述自己的工作表现，并对自己做出评估，主管人员表达自己的看法
                    │
                    ├─ (4) 直接就评估表格中的内容逐项地与员工进行沟通，如果双方的认识一致就进行下一项讨论，如果双方的意见不一致，就经过讨论争取达成一致。对于实在无法达成一致的意见，可以暂时搁置，事后再做沟通或直接请主管的上级进行仲裁
                    │
                    └─ (5) 确定下一阶段工作目标并签订绩效计划
```

图 7-10　绩效反馈面谈的实施过程

3. 面谈的结束

面谈结束在面谈目的达到或者面谈由于某些因素无法继续进行时，主管人员需要对面谈进行全面总结并对员工在下一绩效周期的工作表现表示期待和正面激励，让员工充满工作的积极性。一般来说，在双方对绩效评估中的各项内容基本达成一致意见之后就可以结束面谈了。如果双方就某些问题争执不下，主管人员可以建议将其作为双方回去继续思考的问题，留做下一次面谈时沟通的内容，而不必非在当时得出结论。

4. 绩效反馈面谈的总结和改进

面谈结束以后，管理者需要对反馈面谈的情况和效果进行评估，反思面谈过程中记录的内容，重视员工产生异议的内容并且寻找解决问题的方案，管理者也要总结自身在面谈中的行为与沟通方式，是否会影响面谈的效果，是否为员工提供了相应的帮助，以便为下一次绩效反馈面谈做准备。

五、绩效面谈的技巧

1. 营造良好的氛围

如何营造良好的氛围如图 7-11 所示。

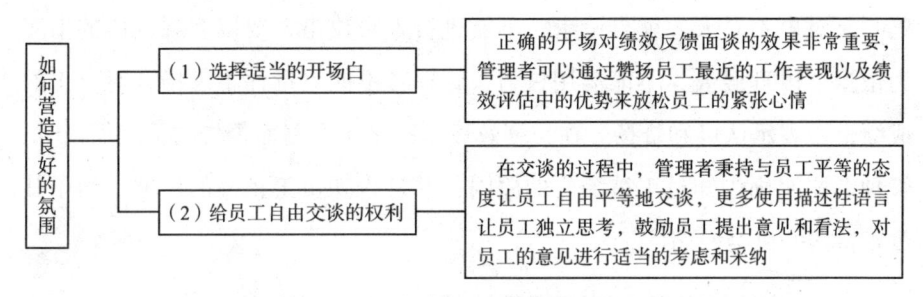

```
                    ┌─(1) 选择适当的开场白 ── 正确的开场对绩效反馈面谈的效果非常重要，
                    │                        管理者可以通过赞扬员工最近的工作表现以及
如何营造良好的氛围 ──┤                        绩效评估中的优势来放松员工的紧张心情
                    │
                    └─(2) 给员工自由交谈的权利 ── 在交谈的过程中，管理者秉持与员工平等的态
                                                度让员工自由平等地交谈，更多使用描述性语言
                                                让员工独立思考，鼓励员工提出意见和看法，对
                                                员工的意见进行适当的考虑和采纳
```

图 7-11　如何营造良好的氛围

2. 倾听理解员工意图

在面谈过程中，管理者要注意认真倾听员工的看法意见，在员工陈述的时候尽量不要打断员工的谈话，并对要点进行记录，以便反思总结，多与员工进行目光接触交流，多让员工说话，对员工的正确见解表示赞同，让员工感受到管理者的诚意，促进双方的相互信任。

3. 巧妙运用表达技巧

管理者要巧妙地提出各种不同形式的问题，如反思性、开放性问题，以便了解员工在绩效周期中的态度，并对绩效评估结果进行反思，发扬优势、改正缺点，提出一些引导性问题对绩效考核中出现的问题进行针对性解决，并探讨下一绩效周期的改进计划。在交流的过程中还要注意姿态语言的管理，管理者要让员工感到舒适平等，也要对员工的表现作出恰当的反应。

4. 特殊的面谈处理技巧

面谈过程中经常会出现一系列的特殊情况，对于不同性格、岗位的员工需要采取不同的态度。比如有心理防御的员工对这种谈话产生抵触心理是十分正常的，这时管理者需要调整好自己的心态，要通过采取建议性的方式让员工意识到自己的问题；管理者也不能因为面谈反馈的效果不佳而影响自己的判断。在讨论员工绩效不佳的方面时，为了避免员工产生抵触心理，需要从双方共同认可的观念提起；在讨论过程中也要顾及员工的自尊心，对事不对人，就事论事，不能进行人身攻击，要以客观具体的事实为依据，以理服人，不能滥用权力。管理者不能只批评不表扬，对员工的成绩也要表示认可和赞扬。在与绩效极差以至于有书面警告的员工面谈时，管理者要明确告知员工被警告的原因，并且告知员工正确的标准，给予其改正错误的机会。

六、针对不同员工采取不同的策略

在绩效反馈面谈中，管理者会遇到各种各样的员工，那么，如何根据不同员工的特点与他们进行沟通和交流呢？

1. 优秀的员工

当遇到一名优秀员工的时候，与其面谈要注意以鼓励为主。因为优秀的员工在其职责范围内的工作一定做得非常好，并且有很多别的员工所不具备的优异表现，所以管理者要首先对员工的优秀表现加以认可，并且多了解一些他们做得好的典型行为，以便推广到其他员工身上。另外，优秀的员工往往有比较强烈的个人发展愿望，在绩效反馈面谈时可以多花时间了解员工的未来发展设想，这样能更好地为其发展创造机会和空间。有的时候，主管人员和员工可以一同来制订未来发展计划。最后，要注意的是，优秀的员工往往对自己比较自信，主管人员不要轻易做出加薪或晋升的承诺，以免到时无法兑现。

2. 一直无明显进步的员工

有的员工绩效总是没有明显进步，对于这种员工该怎样进行绩效反馈面谈呢？一般来说，管理者应该分析员工一直没有明显进步的原因是什么，如图 7-12 所示。

```
        ┌──────────────────────────┐
        │ 员工一直没有明显进步的原因 │
        └──────────────────────────┘
   ┌───────────┬──────────┴──────────┬───────────┐
┌──┴──────┐ ┌──┴────────┐ ┌────────┴──┐ ┌──────┴─────┐
│(1)个人的 │ │(2)目前的职 │ │(3)工作的方 │ │(4)有其他的 │
│动机问题 │ │位不适合他 │ │法不对     │ │个人困难    │
└─────────┘ └───────────┘ └───────────┘ └────────────┘
```

图 7-12　员工一直没有明显进步的原因

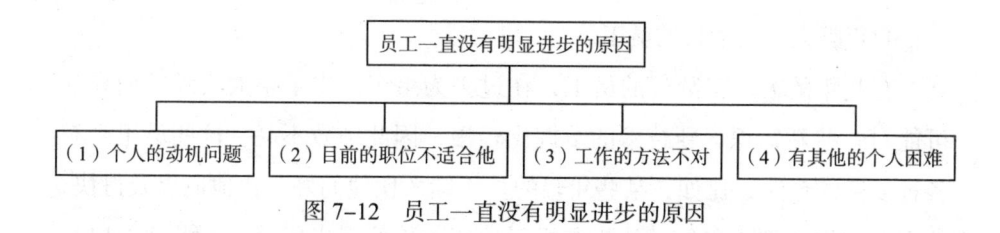

（1）个人的动机问题。自己为自己设立的目标比较低，没有提出较高的要求。

（2）目前的职位不适合他。这个员工也许有许多潜能，也有成就愿望，但是无法在现在的职位上发挥出来。

（3）工作的方法不对。有的员工虽然在一个职位上做了很长时间，但是却一直没有找到正确的工作方法，这样他的工作绩效始终无法提高。

（4）有其他的个人困难。对待一直没有明显进步的员工，管理者应该开诚布公地与他们交流，查明他们没有进步的原因，然后对症下药。如果是个人的动机不足，那么应该充分肯定员工的能力，必要的时候可以使用"激将法"，这样可能会激起员工的上进心。如果是现在的工作职位不适合这位员工，就可以一方面帮助员工分析什么职位适合他，另一方面听听员工自己想做什么，再作出决定。如果是员工的工作方法不对，就帮助他一起分析在哪些方面可以改进。总之，既要让员工看到自己的不足，又要切实为员工着想，帮助他们找到有效的改进方法。

3.绩效差的员工

主管人员可能都有这样的感觉：与那些绩效好的员工面谈是一件比较轻松的事情，而跟绩效差的员工进行绩效反馈面谈却是一件需要花费大量时间精力的事情。绩效差的员工不容易面对一个很差的分数的事实，但绩效反馈面谈又不得不让他们面对。有的绩效差的员工会比较自卑，认为自己一无是处，破罐子破摔。有的绩效差的员工则不认为自己绩效差，这样在绩效反馈面谈中就容易与主管人员产生冲突。对待绩效差的员工，管理者要具体分析其绩效差的原因，不要一概认为是个人原因。

4. 年龄大、工龄长的员工

有些年龄大、工龄长的员工，在过去为组织做出了很大贡献，而现在可能对一些新知识、新技术的掌握比较慢，因此绩效不高。这些员工会有各种复杂的想法，比如，某些年轻的员工绩效比他们好，比他们提升得快，他们会觉得心理不平衡，认为组织对他们的价值提出质疑，渐渐地，以年轻人来取代他们等。对待这些年龄大、工龄长的员工管理者要尊重他们，首先要肯定他们过去为组织作出的贡献，并且对他们表示亲切的关怀，但也要让他们知道，过去的成绩是不能被抹掉的，但不能代表现在或将来的成绩。绩效评估是对一定时间范围内的成绩的评估，而且是有客观依据的，因此让他们接受现实。

5. 过分雄心勃勃的员工

有的员工成就动机过强，显得雄心勃勃。他们往往期望自己能够为组织做出更突出的贡献，他们会提出很多未来的设想和计划。对于这样的员工，管理者虽然要用事实向他们表明现存差距，但不能对他们一味地泼冷水，要与他们讨论未来发展计划的可能性，帮助他们制订现实可行的计划。

6. 沉默内向的员工

有的员工非常沉默内向，在绩效反馈面谈过程中，除非主管人员问他们一些问题时他们才做出回答，否则，他们不会主动表达自己的想法。他们在与主管交流时可能会局促不安，手足无措；也有可能表现得沉静、冷漠、矜持。对于这种员工，管理者要善于提问开放性的问题使他们多表达，同时多征询他们对工作的意见，这样可以为他们创造说话的机会。

7. 对绩效考核结果不满意的员工

在绩效反馈面谈过程中，有时员工的意见与主管人员的意见发生冲突，员工会由于强烈的不同意或不满意而发火。在这种情况下，主管人员应该耐心地听员工把话讲完，不要急于和员工争辩，而是等员工冷静下来后同员工一起找原因，分析问题。

案例 7-3　什么是有意义的绩效反馈面谈？

年末，张经理的主要工作是年终考评。考评结果出来后，张经理需要与部门员工进行绩效反馈面谈，部门大约有20人，因为任务繁重，张经理通常采用以下方式进行绩效反馈面谈。

通知员工进行绩效反馈面谈后，张经理首先会将绩效考核表摆在员工面前，然后针对几个主要的指标进行解释，接着他会问员工有没有异议，有异议就让员工记录下来，说等以后再具体沟通，没异议就让员工回岗工作。这样，张经理十几分钟就结束了一次部门员工的绩效反馈面谈。

请问，张经理的做法是否妥当？

【解析】从案例可以看出，张经理绩效反馈面谈的内容仅限于主要指标的解释，这种面谈根本没有意义，既浪费了他自己的时间，也浪费了员工的时间。

绩效反馈面谈要围绕一个考核周期的工作开展来谈，一般来说，包含面谈的目的和作用、考评结果、行为表现、改进措施和新的工作目标等。

为了使员工更好地改进不足，并顺利完成下一阶段的绩效目标，管理者在明确新的目标时，还要与员工确认相应的资源配置。

在面谈结束前，最好进行面谈要点总结。不管面谈结果如何，在结束时都要整理好员工的心情，不要让员工带着沮丧离开，而要让员工带着积极的情绪离开。

第三节　绩效考核结果的应用

一、绩效考核结果的运用原则

1. 以人为本，促进员工的职业发展

绩效考核做得好，无疑是绩效管理成功的一大标志。调动员工积极性是绩效考核的出发点和落脚点。首先，要使绩效考核深得人心，组织必须深入分析员工绩效与部门绩效的差距，帮助员工制订合理的绩效改进计划以实现组织绩效目标。其次，考核者有义务和责任及时告知员工评价结果；

及时发现不足和错误；仔细分析绩效差距产生的原因；制订绩效改进方案。更重要的是，绩效沟通必不可少。绩效沟通必须贯穿绩效管理整个过程。同时管理者必须坚持"以人为本"的原则与员工进行诚挚、真诚的建设性沟通。沟通讲究坦诚与平等，要用一种员工可接受的方式向其阐述绩效考核信息。其目的是让员工深入了解自己绩效不足以及可发展的潜力，有利于员工职业发展。

2. 员工和组织共同成长和发展

组织与员工的成长与发展相辅相成。正如一艘航行在大海的帆船，员工是海水，组织是帆船。所谓水能载舟，帆船欲前行，需要海水的推动。因此，企业的发展离不开员工个体的成长。实质上，员工适应组织的过程是员工和组织相互接纳的过程。组织不能单方面要求员工改变自己来适应组织发展需要。组织和员工也是一个命运共同体，企业应主动参与员工工作和生活，为他们的职业生涯提供指导和规划。因此，组织对员工的评价必须系统和全面，意识到组织绩效的达成要由员工实现。这种强烈的组织和员工联系不仅能够让员工感受到家的温暖与组织的热情，同时能提高员工对组织的认同感和忠诚度，实现组织和员工的共赢。

3. 为人事决策提供科学依据

员工的晋升、薪酬分配以及奖罚决策必须有科学合理的依据。而绩效考核结果恰恰能做到这一点。将绩效考核结果与人力资源决策相联系，不但可以约束员工行为，同时可以激励员工努力工作获得相应的回报。其对组织的作用更是不可磨灭的，即有利于建立和完善科学有效的人力资源管理体系。组织的有效运行需要程序和分配公平，如果每项人力资源管理决策都有明文规定且有理有据，那么实施的可行性就较大，也能为组织内部健康、和谐竞争奠定一定基础。

二、绩效考核结果与绩效薪酬

以个人绩效为导向的报酬计划，就是把对员工的绩效考核结果和其所获得的经济报酬紧密联系在一起，这类计划的核心在于以员工个人的绩效考核结果为依据，来确定其在企业的报酬收入，这是企业在运用绩效考核结果时广泛采取的手段。广义的绩效薪酬计划有很多类型，在此，重点分析三种最为常见的制度，如图7-13所示。

```
绩效薪酬计划常见的三种制度
├── 1. 绩效加薪 —— 绩效加薪是将基本薪酬的增加与员工所获得的考核等级联系在一起的绩效奖励计划
├── 2. 绩效奖金 —— 绩效奖金是企业依据员工个人的绩效考核结果，确定奖金的发放标准并支付奖金的做法
└── 3. 特殊绩效奖金 —— 特殊绩效奖金是在员工努力程度远远超出了工作标准的要求，为企业实现了优秀的业绩或者作出了重大贡献时，企业给予他们的一次性奖励
```

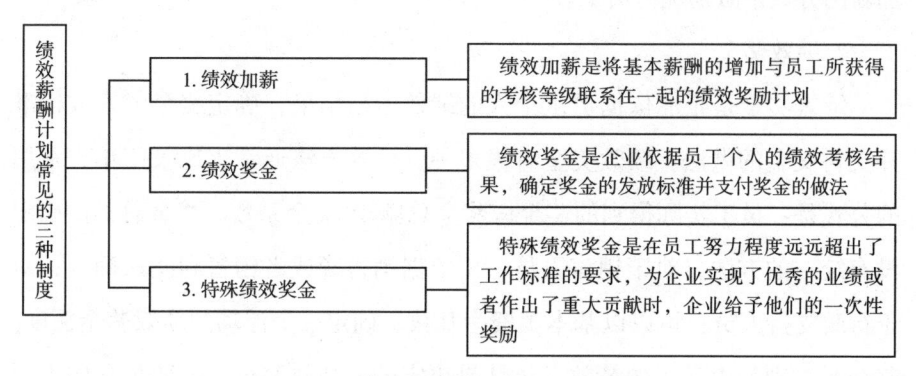

图7-13　绩效薪酬计划常见的三种制度

1. 绩效加薪

绩效加薪是将基本薪酬的增加与员工所获得的考核等级联系在一起的绩效奖励计划。员工能否得到加薪以及加薪比例的高低通常取决于两个因素：第一个因素是他在绩效考核中所获得的考核等级；第二个因素是员工的实际工资与市场工资的比较比率。当然，在实际操作中，由于很难得到真实的市场工资数据，大部分企业大体上以员工现有的基本工资额作为加薪的基数。比如，在某公司的绩效管理体系中，把员工的考核结果分为S、A、B、C、D五个等级，相应的加薪比例为10%、8%、5%、0%、–5%。假如一个员工的基本工资为2000元，年终的考核等级为S，则这个员工在下年度的基本工资就变成了2200元（获得了200元的加薪）。

企业在实施绩效加薪的时候，必须关注一个非常重要的问题，即绩效考核等级的分布。有的企业对考核结果等级采取强制分布的方法，或者把员工个人考核结果的等级和部门的业绩结合起来。这些方法都是从总量上控制加薪的比例，从而在一定程度上避免了企业薪酬成本的无原则增加。但是，采取绩效加薪后，新增加的工资额就会变成员工下一期的基本工资，随着时间的延续，这种情况会导致员工的基本工资额在缓慢积累的基础上

大幅提高，甚至超出企业的盈利能力所能支付的界限。因此，为了弥补绩效加薪这种制度的缺陷，越来越多的企业采取绩效奖金的方式而不是绩效加薪的方式来激励优秀员工。

2. 绩效奖金

绩效奖金是企业依据员工个人的绩效考核结果，确定奖金的发放标准并支付奖金的做法。绩效奖金有很多种，计算方法通常也比较简单，常用的公式是：员工实际得到的奖金＝奖金总额 × 奖金系数。奖金总额的确定没有统一的方法，对于销售人员，可依据销售额或者销售利润来确定；对于行政支持人员，可以以基本工资为基数，确定一个浮动的绩效奖金额度。奖金系数则是由员工的绩效考核结果决定的。绩效奖金和绩效加薪的不同之处在于，企业支付给员工的绩效奖金不会自动累计到员工的基本工资中，员工如果想再次获得同样的奖励，就必须像以前那样努力工作，以获得较高的考核分数。由于绩效奖金制度和企业的绩效考核周期密切相关，这种制度在奖励员工方面有一定的限制，缺乏灵活性。当企业需要对那些在某方面特别优秀的员工进行奖励时，特殊绩效奖金认可计划就是一种很好的选择。

3. 特殊绩效奖金

特殊绩效奖金是在员工努力程度远远超出了工作标准的要求，为企业实现了优秀的业绩或者作出了重大贡献时，企业给予他们的一次性奖励。这种奖励可以是物质奖励，也可以是荣誉称号等精神奖励。与绩效加薪和绩效奖金不同的是，特殊绩效认可计划具有很大的灵活性，它可以对那些出乎意料的、各种各样的单项高水平绩效表现，比如开发新产品、开拓新市场等予以奖励。当然，在实施特殊绩效认可计划时，对员工绩效结果的考核往往是针对某个具体项目，和绩效管理系统中的考核方法不太一样。

三、绩效考核结果与调整工作岗位

除了把绩效考核结果和员工的薪酬待遇相结合外，利用绩效考核结果也可以促使员工的工作流动。工作流动的核心在于使员工本人的素质和能力能够更好地与工作相匹配。

工作流动常常是和绩效考核结果联系在一起的。企业在对员工进行绩效考核时，不能只考核目前的工作业绩，还要通过对员工能力的考察，进一步确认该员工未来的潜力。管理者还应该明白，人与人之间所存在的绩效差异，除了他们自身的努力外，还和他们所处的工作系统本身有关系，这些工作系统包括同事关系、工作本身、原材料、所提供的设备、顾客、所接受的管理和指导、所接受的监督以及外部环境条件等，这些要素在很大程度上不在员工自己的掌控中。对那些绩效非常好的员工，企业可以通过晋升的方式给他们提供更大的舞台和机会，帮助他们获得更大的业绩。而对那些绩效不佳的员工，管理者应该认真分析其绩效不好的原因。如果员工个人不努力工作、消极怠工，则可以根据公司规章制度与员工解除劳动合同；如果员工所具备的素质和能力与现有的职位不匹配，则可以考虑进行工作轮换，以观后效。

四、绩效考核结果与员工发展

通过绩效考核结果发现员工培训和开发的需要，就是将员工的实际考核结果与职位要求相比较，发现员工在某方面存在不足而导致不能胜任工作的情况，并通过培训弥补，就需要对员工进行培训。根据绩效考核结果进行的针对性培训，通俗地讲，就是"缺什么，补什么"。另外，绩效考核结果也可以作为培训的"效标"，即通过绩效考核结果衡量培训的效果。

1. 个人发展计划

个人发展计划（individual development plan，IDP）是根据员工有待发展提高的方面所制订的一定时期内完成有关工作绩效和工作能力改进与提高的系统计划。该计划往往是在管理者的帮助下由员工自己来制订，并与管理者讨论达成一致意见的实施计划。管理者应承诺提供员工实现计划所需的各种资源和帮助。绩效改进／个人能力开发计划表，如表7-2所示。

表 7-2 绩效改进/个人能力开发计划表

部门		时间		年　月　日
被考核人	姓名：		职位：	
直接上级	姓名：		职位：	
绩效改进计划					
1.绩效问题描述（包含业绩、行为表现和能力目标，请用数量、质量、时间、成本、费用、顾客满意度等标准进行描述） （1） （2） （3）				
2.原因分析				
绩效改进措施/计划				
1.需要发展的技能（计划提高何种行为能力或技术能力） （1） （2） （3）				
2.技能发展活动描述（你将怎样提高，请列出所需采取的行动）				
3.衡量标准（你如何知道该技能是否已经得到提高）				
4.计划完成时间				
讨论时间：	考核人：		被考核人：	
期末签字：	被考核人：		考核人：	HR 专员：
备注：此表提供给考核人选用，帮助被考核人切实改进、提升工作绩效（绩效考核成绩 90 分以下的，必须填写此表）				

2.个人发展计划实例

李某某是某电子设备公司销售代表，任职一年。这一年中，上级主管给他设定的销售业绩指标是 30 万元，其实际完成额为 31.2 万元。但是，像他这样的销售代表平均的销售额为 40 万元，李某某离这个水平还有一定的距离。而且，由于他以前不是在电子设备行业工作，对一些专业知识还不够熟悉。分析一下，目前他在工作中有待改进的方面主要是销售技巧，具体体现在与客户沟通时如何倾听客户的需求；对于一些专业领域的知识还需进一步学习；再有，他的销售报告规范性需要提高。同事们普遍评价他是一个善于与人合作的人，与同事的关系相处得很好，也乐于帮助别人。主管认为他还是比较愿意学习的，在这一年中进步很快。客户对他的工作态度反映较好，只是有时对客户需求的理解出现偏差。针对这些情况，李某某在主管人员的帮助下制订了个人发展计划，如表 7-3 所示。

表 7-3　李某某个人发展计划

员工姓名	李某某	职位	销售主管	部门	业务三部
上级主管	宋某某	制订计划时间	2020 年 6 月 30 日		
有待发展项目	发展原因	目前水平	期望水平	发展措施及所需资源	时间期限
客户沟通技巧	与客户沟通是销售代表的主要工作，本人在这方面有较大欠缺	客户沟通考核分数 2.5 分	3.5	参加"有效客户沟通技巧"培训；注意体会和收集客户反馈；与优秀销售人员一同会见客户，观察并学习他们的沟通技巧与经验	2020 年 12 月
电子设备专业知识	销售人员需要了解较多的专业知识，而本人以前对此接触较少	专业知识评估分数 3 分	4	阅读有关书籍、资料；参加产品部举办的培训班；多向他人请教	2020 年 8 月
撰写销售报告	销售人员需要以书面形式表达销售情况，与主管和同事交流信息	销售报告评估分数 3 分	4	学习他人撰写的销售报告；主管人员给予较多指点	2020 年 11 月

案例 7-4　公司"末位淘汰"的考核方式是否合适？

某科技创新企业是以研发为主导的公司，公司绩效考核采取"末位淘汰"方式，考核不合格的员工，公司会解除其劳动合同。2016 年 7 月，研发部张经理给人力资源部提交本季度考核成绩最差的员工，人力资源部按照公司的要求劝退部分员工。同时，人力资源部又开始了研发人员招聘工作。9 月，研发部反馈本次招聘人员无法胜任本职工作，要求辞退新入职员工。这就意味着，10 月考核辞退员工后，研发人员缺口会更大。短短半年时间，更换了一半人员，给人力资源部和研发部都带来了很大压力。研发部经理很困惑。对于绩效考核差的员工，如何做好绩效结果运用呢？

【解析】本案例中，公司绩效考核采取"末位淘汰"的方式，绩效结果只与员工的劳动关系挂钩（解除劳动合同、辞退员工），这样做是不合适也不合法的。对于绩效考核差的低绩效员工，应该制订相应的绩效改善计划：①研发部门经理应与低绩效员工进行沟通，制订详细的绩效改进计划，要有时间界限。②通过培训提高员工的工作能力，如果这些员工在规定的时间内还达不到目标，可以与员工解除劳动合同。这种做法，既能够提升个人、部门和组织的绩效，也能够保证公司对员工处理的规范化、合法化。③与相关员工进行定期沟通，包括制订部门绩效计划，以及绩效结果反馈，让员工参与整个考核过程，考核评价。

【答疑解惑】

问：员工对于考评结果不满意，或者表现出漠不关心的态度怎么办？

【解答】要让员工感受到考核者不只是一个评分人，更是帮助被考核者提高绩效的导师。因此，在考核分数出来后，要做到"三个及时"：一是及时与员工进行绩效结果面谈，让员工认识到问题所在，理解评分的合理性和公正性。二是及时帮助员工找出绩效分数减项的问题根源，同时共同制订被考核者的绩效改进措施，保证未来考核周期内考评分的持续提高。三是及时调整考核中的不合理项，提高员工的满意度。通过结果面谈，员工对于考核结果的接受度将提高；通过对考核者的帮助，被考核者对考核者的角色理解度也将持续提高，员工的满意度也会大幅提高。

案例7-5　公司有权利开除绩效不合格的员工吗？

小杨是某家政公司的HR，去年大学毕业后进入该公司。今年1月，公司出台了新的绩效考核方案，文件里说公司设立考核奖金，做得好可以拿到，做得不好就没有，如果连续两次考核不合格，公司将予以辞退。现在这个考核方案已经实施两个月了，有几名员工连续两个月考核不及格，领导让小杨和这几名员工谈辞退的事情，但这几名员工的反应非常强烈，还表示要进行劳动仲裁，这让小杨不知所措。

请问，该公司是否有权利开除绩效不合格的员工？

【解答】本案例中，连续两个月考核不及格的员工，公司准备辞退是违法的。

根据相关法律规定，员工不胜任或考核不达标，应当给予培训或调岗，再不合格的可以解除劳动合同，而且应当提前告知工会或职工代表，否则在程序上是违法的。

第四节　如何实施绩效改进计划

一、什么是绩效改进计划

绩效改进计划也称个人发展计划，是指根据员工有待发展提高的方面所制订的一定时期内有关工作绩效和工作能力改进及提高的系统计划。通常，在绩效反馈面谈过程中双方就确定了下一阶段的改进重点和改进计划。其后，即可选取一次缺失（即待改进的项目）率先开始进行绩效改进。如果同时进行多项改进，可能由于压力太大而无法完成。

> **温馨提示**
>
> **个人绩效改进计划是后续管理动作的润滑剂**
>
> 如果员工不胜任工作，按照《中华人民共和国劳动法》的要求，必须给予培训、调岗等机会，而不能直接解除劳动合同，个人绩效改进计划是非常有必要的润滑和缓冲手段，给了公司和员工双方一次机会，从低绩效员工变成明星员工的例子也不鲜见，若培训或转岗后员工仍不能适应，员工也会比较心平气和地接受后续的管理行为。

二、绩效改进的指导思想

绩效改进是这样一个过程：首先，分析员工的绩效考核结果，找出员工绩效不佳的原因；其次，针对存在的问题制订合理的绩效改进方案，并确保其能够有效实施。传统的绩效考核侧重于考核员工过去的工作绩效，而现代绩效管理则强调如何改进员工未来的绩效。要做好绩效改进工作，首先必须明确它的指导思想，绩效改进的指导思想如图7-14所示。

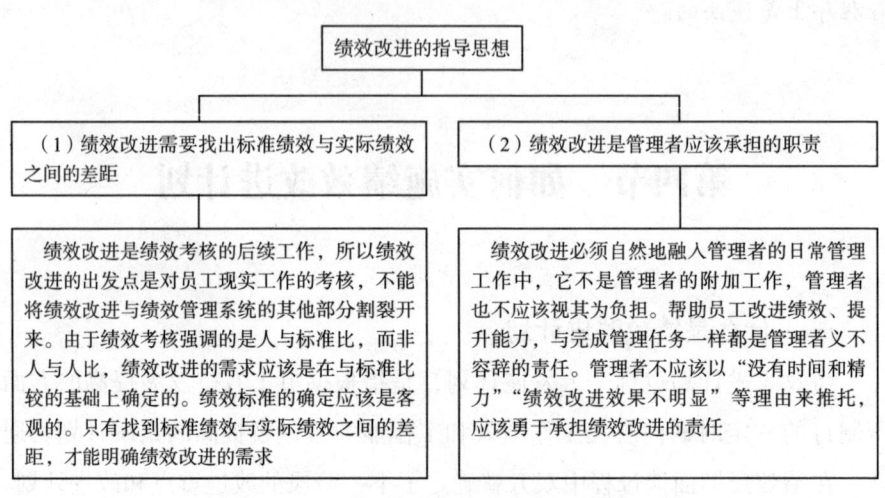

```
                    绩效改进的指导思想
                   ┌────────┴────────┐
        （1）绩效改进需要找出标准绩效与实际绩效      （2）绩效改进是管理者应该承担的职责
              之间的差距
```

（1）绩效改进需要找出标准绩效与实际绩效之间的差距	（2）绩效改进是管理者应该承担的职责
绩效改进是绩效考核的后续工作，所以绩效改进的出发点是对员工现实工作的考核，不能将绩效改进与绩效管理系统的其他部分割裂开来。由于绩效考核强调的是人与标准比，而非人与人比，绩效改进的需求应该是在与标准比较的基础上确定的。绩效标准的确定应该是客观的。只有找到标准绩效与实际绩效之间的差距，才能明确绩效改进的需求	绩效改进必须自然地融入管理者的日常管理工作中，它不是管理者的附加工作，管理者也不应该视其为负担。帮助员工改进绩效、提升能力，与完成管理任务一样都是管理者义不容辞的责任。管理者不应该以"没有时间和精力""绩效改进效果不明显"等理由来推托，应该勇于承担绩效改进的责任

图7-14 绩效改进的指导思想

三、绩效改进的流程

绩效改进的流程如图7-15所示。

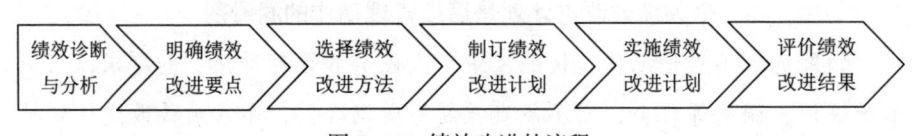

```
绩效诊断   明确绩效   选择绩效   制订绩效   实施绩效   评价绩效
与分析  →  改进要点 → 改进方法 → 改进计划 → 改进计划 → 改进结果
```

图7-15 绩效改进的流程

1.绩效诊断与分析

绩效诊断与分析是绩效改进过程的第一步，也是绩效改进的最基本环节。在绩效反馈面谈中，主管和员工通过分析和讨论考核结果，找出关键绩效问题和产生绩效问题的原因，这是绩效诊断的关键任务。

绩效具有多因性的特征，绩效的多因性是指一个员工绩效的优劣并不取决于单一因素，而是受制于来自主客观方面的多种因素。因此，要想快速有效地诊断绩效问题，必须对影响绩效的因素有所了解，即对绩效的多因性特征有所了解。例如，对于一名普通员工而言，影响其工作绩效的因素可能包括工作态度、工作环境、工作强度等主客观因素，但是，这些影响因素的作用并不总是一致的。在不同的情境下，各类因素对绩效的影响作用各不相同。例如，某企业引入一套新的设备投入生产之后，员工的工作绩效不升反降。经过调查发现，原来是由于员工害怕引入新设备提高生产率导致企业裁员而有意怠工。该企业通过各种方式与员工进行沟通，解释了新设备投入使用的目的和必要性，排除了非正常裁员的可能性，之后员工的工作绩效有所提高。通过这个案例我们看到，只有在充分研究各种可能影响因素的前提下，我们才能够找到问题所在，从而对症下药。我们在研究绩效问题时应该抓住目前影响绩效众多因素中的关键因素，这样才能更有效地对员工绩效进行管理。这就是绩效的多因性及其对管理的启示。

根据学者们的研究，诊断绩效问题通常有以下两种思路：

（1）四因素法。四因素法主要是从知识、技能、态度和环境四个方面来分析绩效不佳的原因。管理者可以通过与员工一起分析下面的问题，寻找影响绩效的关键因素，如图 7-16 所示。

知识：员工有做这方面工作的知识和经验吗？

技能：员工具备运用知识和经验的技能吗？

态度：员工有正确的态度和自信心吗？

环境：有不可控的外部因素吗？

图 7-16　影响绩效四因素法

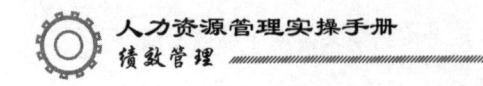

（2）三因素法。具体如图 7-17 所示。

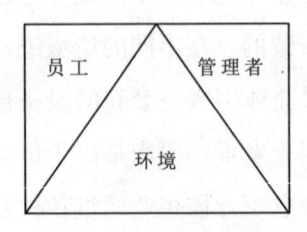

图 7-17　影响绩效三因素法

三因素法提出从员工、管理者和环境三方面来分析绩效问题，认为绩效未达到预期的水平，要综合考虑员工、管理者和环境三方面因素。

在员工方面，可能员工所采取的行动本身是错误的，也可能是应该做的而没有去做。原因或是员工知识、技能不足，或是缺少动机等。

在管理者（主管）方面，可能是因为主管管理行为不当而导致下属能力无法发挥，或是主管没有帮助下属改进其工作。通常，我们从两个方面分析主管的管理行为：一是主管做了不该做的事情，比如监督过严，施加不当的压力；二是主管没有做该做的事情，比如没有明确工作要求，主管没有对下属的工作给予及时有效的反馈，对下属的建议不予重视，不授权给下属，不为下属提供教育和培训的机会，不鼓励下属尝试新方法和新技术。

在环境方面，包括下属工作场所和工作气氛的因素。例如，工具或设备不良，原料短缺，不良的工作条件（噪声、光线、空间和其他干扰等），同事关系紧张，工作方法或设备的改变造成下属工作困难等。

两种分析思路各有各的特点，前者主要是从完成工作任务的主体来考虑，通过分析员工是否具备承担此项工作的能力和态度来分析绩效问题的原因，但容易造成管理缺位，即把员工绩效问题产生的原因归结为员工主观方面的问题，而忽视了管理者在产生绩效问题方面的责任，这样不利于找到绩效问题的真正原因，同时不易于被员工接受；后者从更宏观的角度去分析问题，较容易把握产生绩效问题的主要方面，认识到管理者在其中的责任，特别在我国企业管理实践中更具现实意义。

要想更加透彻、全面地分析绩效问题，必须结合以上两种思路，在管理者和下属充分交流的情况下，对绩效不良的原因达成一致意见。绩效诊断表如表7-4所示。

表7-4 绩效诊断表

影响绩效的维度		绩效不良的原因	备注
员工	知识		
	技能		
	态度		
主管	辅导		
	其他		
环境	内部		
	外部		

2.明确绩效改进要点

通过绩效诊断环节，发现员工需要改进的地方可能很多，但最好选取一项重要并且容易进行的率先开始。如果多个问题同时着手，很可能由于压力过大而导致失败，这种情况下就存在挑选绩效改进要点的问题。选择绩效改进要点就是综合考虑每个拟定项目所需的时间、精力和成本因素，选择用时较短、精力花费较少以及成本较低的项目，同时要争取员工的接受。可以采用表7-5的方法，在现有的绩效改进要点中作出选择。

表7-5 选择绩效改进要点的方法

绩效	不易改变	容易改变
亟须改变	将其列入长期绩效改进计划	最先做
不亟须改变	暂时不列入改进计划	第二选择

3. 选择绩效改进方法

经过绩效诊断和分析环节，选择了绩效改进要点，并对影响绩效的因素有比较清晰的认识后，就要考虑解决问题的途径。

员工本人可采取的行动包括：向主管或有经验的同事学习，观摩他人的做法，参加企业内外的有关培训，参加相关领域的研讨会，阅读相关的书籍，选择某一实际工作项目，在主管指导下训练等。

主管可采取的行动包括：参加企业内外关于绩效管理、人员管理等的培训，向企业内有经验的管理人员学习，向人力资源管理专家咨询等。

在环境方面，管理者可以适当调整部门内的人员分工或进行部门间人员交流，来改善部门内的人际关系氛围；在企业资源允许的情况下尽量改善工作环境，调整工作条件等。

4. 制订绩效改进计划

绩效改进计划，是关于改善现有绩效进展的计划。制订绩效改进计划实际上就是具体规划应该改进什么、应该做什么、由谁来做、何时做以及如何做的过程。一般绩效改进计划的主要内容如图7-18所示。

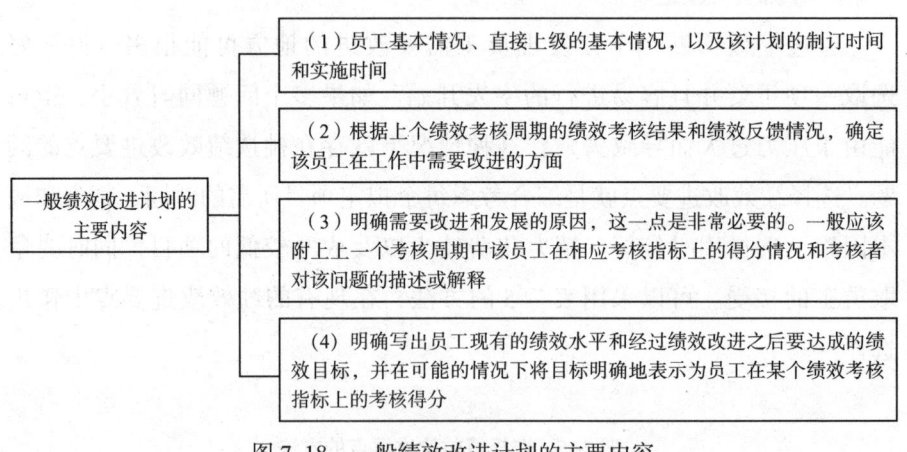

一般绩效改进计划的主要内容	
	（1）员工基本情况、直接上级的基本情况，以及该计划的制订时间和实施时间
	（2）根据上个绩效考核周期的绩效考核结果和绩效反馈情况，确定该员工在工作中需要改进的方面
	（3）明确需要改进和发展的原因，这一点是非常必要的。一般应该附上上一个考核周期中该员工在相应考核指标上的得分情况和考核者对该问题的描述或解释
	（4）明确写出员工现有的绩效水平和经过绩效改进之后要达成的绩效目标，并在可能的情况下将目标明确地表示为员工在某个绩效考核指标上的考核得分

图7-18 一般绩效改进计划的主要内容

对存在的问题提出针对性改进措施，措施应当尽量具体，除了确定每个改进项目的内容和实现手段外，还需要确定每个改进项目的具体责任人和预期需要时间，有时还可以说明需要的帮助和资源。比如就某一方面进行培训，就应当列出建议接受培训的形式、内容、时间、责任人等。对特殊的问题还应提出分阶段的改进意见，使员工分步骤改进绩效。

此外，绩效改进计划应当是在管理者和员工充分沟通的基础上制订的。单纯按照管理者的想法制订绩效改进计划可能使改进项目脱离实际，因为管理者并不是很确切地知道每个员工的具体问题，管理者认为应该改进的地方可能并不是员工真正需要改进的地方。另一个极端是单纯按照员工的想法制订计划，虽然让员工制订绩效改进计划可以激发其积极性，但是员工有可能避重就轻，漏掉重要的项目。所以，应当让管理者和员工就这一问题进行商讨，这是绩效反馈面谈的主要目标之一，只有这种建立在交流基础上的方案，才能有效地达到绩效改进的目的。

5. 实施绩效改进计划

在制订绩效改进计划之后，管理者应该通过绩效观察和沟通实现对绩效改进计划实施过程的控制。具体过程如图7-19所示。

- 确定员工了解此项计划
- 若环境变动，计划需改变应与员工洽商，并将改变部分写在原计划上
- 定期提醒员工，以使其能依计划进行并避免因遗忘而使计划失败
- 如计划有部分未按进度达成，应予以纠正

图7-19 绩效改进计划实施过程的控制

6. 评价绩效改进结果

绩效改进计划作为绩效计划的补充，同样需要考核和反馈。绩效改进计划开始于上一个绩效考核周期的结束，结束于下一个绩效周期的开始。绩效改进计划的完成情况反映在员工前后两次绩效考核得到的考核结果中，如果员工在前后两次绩效考核中得到的分数有显著提高，那么就在一定程度上说明绩效改进计划取得了成效。绩效改进计划表如表7-6所示。

表 7-6 绩效改进计划表（样表）

员工姓名：	职位：		计划执行时间：	
上级主管：	职位：		待改进绩效：	
计划采取措施	执行者	计划实施日期	实际实施日期	取得的成果

案例 7-6 部门工作绩效差，如何做好绩效改进？

某公司年度供应商管理会议，由于行政部的准备工作不足，导致部分供应商的投诉，引起公司高管的强烈不满。总经理非常生气，要求人力资源部通过绩效考核，扣发行政部第4季度的绩效工资，开除不能胜任工作的行政人员。行政部经理表示，员工工作失误，应该承担责任，扣发绩效是合理的。同时，公司应做好工作指导，而不应该直接开除员工。人力资源部经理也认可行政部经理的想法。一方面，总经理已给出扣绩效，开除不合格人员的要求；另一方面，换人也不一定能解决问题。这种情况下，人力资源部经理如何做好绩效改进？

【解析】本案例中，由于行政部工作被供应商投诉，引起公司高管的不满意。总经理要求通过考核，扣发行政部人员第4季度的绩效工资，要开除不胜任的行政人员。对于考核绩效差的部门，应该制订相应的绩效改善计划。首先，明确界定行政部的部门职能、主要工作任务、工作目标。其次，人力资源部经理和行政部经理应进行沟通，总结平时工作中的问题，制订一个详细的工作改善计划。此外，通过培训提高行政经理的管理水平，员工的工作能力。如果员工依然达不到目标，可以与员工解除劳动合同。最后，人力资源部、行政部、总经理三方进行定期沟通，制订绩效考核计划，帮助达成绩效目标。通过绩效反馈，让行政部经理、总经理了解考核过程与结果。这种做法，既能够提升个人、部门和组织的绩效，也能够保证对员工处理的规范化、合法化。

第五节　如何处理绩效申诉

一、什么是绩效申诉

1. 绩效申诉的含义

绩效申诉是指当被考核人对考核结果不清楚或持有异议时，可以采取书面形式向人力资源部提起申诉，人力资源部将就申诉问题进行调查，然后就申诉的事项作出说明。如果申诉人对说明不认同或者不满意，人力资源部将就申诉问题连同对问题的意见送交评审委员会（或者评审小组）进行讨论处理，在指定的时间内给出合理的解释或最终的处理意见，并由人力资源部将意见与申诉人进行面谈沟通。绩效申诉是绩效管理系统的重要环节，可以纠正绩效考评过程中的偏差，提高员工对绩效管理体系的接受和认同程度，提高员工的工作满意度，使员工个人目标与企业目标保持一致。因此，绩效申诉是实现企业绩效管理公平性的重要保障。

2. 绩效申诉的处理机构

绩效申诉的处理机构主要包括绩效评审委员会和人力资源管理部。绩效评审委员会可以参照《中华人民共和国劳动争议调解仲裁法》关于企业劳动争议调解委员会的组织办法进行组建，成员主要由企业工会代表、职工代表、企业代表组成。其中，企业代表的人数不得超过该委员会成员总数的 1/3；绩效评审委员会主任可由企业工会代表担任；绩效评审委员会负责重要绩效申诉事件的处理。人力资源管理部是企业绩效申诉的组织实施和管理部门，负责全公司绩效考核的组织实施，汇总整理绩效考核结果，协调、处理各级人员关于绩效考核申诉的具体工作，以及负责一级绩效申诉处理。企业还可以设立绩效考核领导小组，该小组由公司高层管理人员与人力资源部部门经理组成，是公司绩效考核工作的最高审核机构，同时负责企业绩效申诉的最终处理。

3. 绩效申诉的受理内容

绩效申诉受理内容主要包括两个部分，如图 7-20 所示。

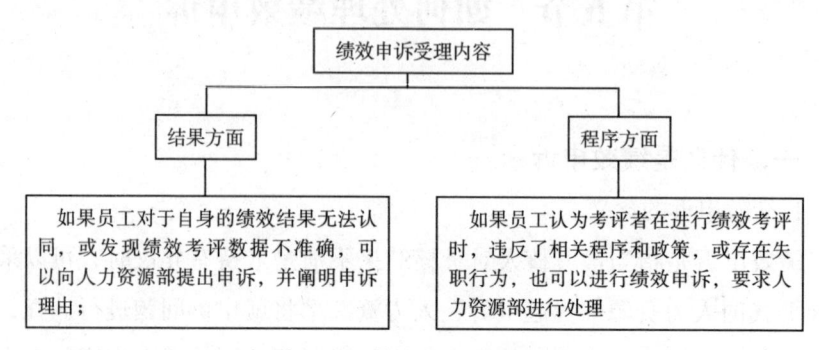

```
                    绩效申诉受理内容
                    ┌──────┴──────┐
                 结果方面         程序方面
    ┌─────────────────┐   ┌─────────────────┐
    │如果员工对于自身的│   │如果员工认为考评者│
    │绩效结果无法认同，│   │在进行绩效考评时，│
    │或发现绩效考评数据│   │违反了相关程序和政│
    │不准确，可以向人力│   │策，或存在失职行为│
    │资源部提出申诉，并│   │，也可以进行绩效申│
    │阐明申诉理由；    │   │诉，要求人力资源部│
    │                  │   │进行处理          │
    └─────────────────┘   └─────────────────┘
```

图 7-20　绩效申诉受理内容

4. 绩效申诉的重要性

（1）企业绩效申诉是实现企业绩效管理公平性的重要保障。绩效管理是企业识别、测量、开发员工和群体绩效，并使员工绩效与组织战略目标保持一致以实现企业战略目标的持续过程，是企业管理的核心。一个企业导入绩效管理系统是一个分步实施、不断完善的循序渐进过程。理想的绩效管理体系具有纠偏和自我调控功能。当企业员工对与工作绩效相关的问题不满时，企业可以为员工提供一个解决绩效争议的机制。由于绩效管理是企业管理的核心，员工绩效问题一般都与企业管理紧密相关，因此，绩效争议问题的解决就是企业绩效管理体系不断改进的过程。企业绩效申诉制度是绩效管理系统的重要环节，可以提高员工对绩效管理体系的接受和认同程度，提高员工的工作满意度，增加员工对组织的承诺和认同，使员工个人目标与企业目标保持一致。因此，绩效申诉是实现企业绩效管理公平性的重要保障。

（2）绩效申诉有利于及时发现和纠正考核系统中存在的问题。建立绩效申诉制度是完善绩效考核系统的重要途径。在绩效考核过程中，由于受到主客观因素的影响，可能会出现评价不准确的情况。一方面是由于考核主体方面的因素，如对评价不够重视、受不正当动机和目的的支配等，致使考核结果不准确；另一方面是由于客观考核系统的因素，如考核标准模糊导致的考核不公平等。通过绩效申诉，可以为这些问题提供纠错机制，由被考核对象将上述问题反映到组织内部负责绩效申诉的部门，相关部门一经查实，在纠正评价结果的同时，还要采取相应措施避免类似情况再次发生。

（3）绩效申诉有利于增强被考核对象对组织的信任感。当考核存在不公平现象使得被考核对象遭到不公正待遇并且无处申诉时，被考核者首先会对领导失去信任，进而导致对整个组织产生不信任感。如果建立了绩效申诉制度，被考核者对绩效考核结果有异议时就有了表达意见的渠道，会让被考核者感觉自己受到尊重，愿意积极参与到绩效管理过程中，乐于接受评价结果，进而对组织产生信任感。

二、绩效申诉的基本原则

绩效申诉的基本原则是指贯彻在绩效申诉过程中，对绩效申诉具有普遍指导意义的基本准则。绩效申诉应包括的原则如图 7-21 所示。

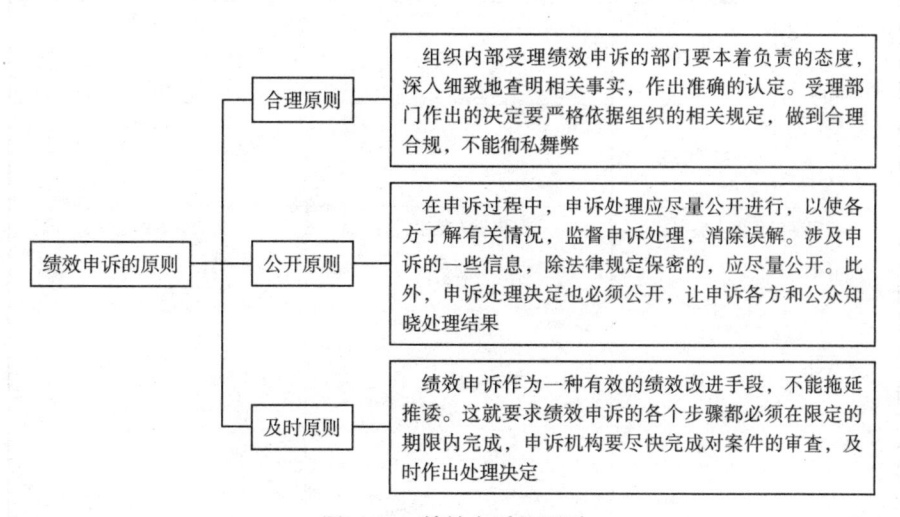

绩效申诉的原则	原则	内容
	合理原则	组织内部受理绩效申诉的部门要本着负责的态度，深入细致地查明相关事实，作出准确的认定。受理部门作出的决定要严格依据组织的相关规定，做到合理合规，不能徇私舞弊
	公开原则	在申诉过程中，申诉处理应尽量公开进行，以使各方了解有关情况，监督申诉处理，消除误解。涉及申诉的一些信息，除法律规定保密的，应尽量公开。此外，申诉处理决定也必须公开，让申诉各方和公众知晓处理结果
	及时原则	绩效申诉作为一种有效的绩效改进手段，不能拖延推诿。这就要求绩效申诉的各个步骤都必须在限定的期限内完成，申诉机构要尽快完成对案件的审查，及时作出处理决定

图 7-21　绩效申诉的原则

三、绩效申诉处理程序

为了保证绩效申诉切实有效,企业一般为员工提供两次申诉机会,具体的申诉流程如下。

1. 初次申诉处理

被考评者如对绩效考评结果存有异议,应首先通过与直接上级沟通的方式谋求解决,如解决不了,员工有权在得知考评结果后一定期限内向人力资源部提出申诉,填写绩效申诉表,超过期限则不予受理。如表7-7、表7-8所示。

表7-7 员工绩效申诉表 示例一

申诉人		部门		申诉时间	
申诉内容及依据	申诉内容				
	申诉依据				
调查情况及其协调结果	调查情况				
	协调结果				
所属部门负责人签字: 年　月　日		申诉人签字: 年　月　日		人力资源部签字: 年　月　日	

表 7-8　员工绩效申诉表 示例二

姓名		工号		部门	
职位		入职日期		直接上级	
申诉人陈述申诉事实及理据			申诉人签名：		日期：
申诉人所在部门处理经过及结论			部门经理签字：		日期：
人力资源部受理过程及建议			人力资源部经理签字：		日期：
绩效委员会最终意见		本次申诉已完成，最终结论为： （　）维持原来部门经理的绩效评估结果。 （　）调整为 _____。 　　　　　　　　　绩效委员会负责人签字：　　　　　　日期：			
申诉评审反馈		已收到并认可本次申诉的结果。 　　　　　　　　　申诉人签字：　　　　　　日期：			

人力资源部在接到员工的申诉后，需要在一定期限内作出答复。人力资源部经理根据了解到的实际情况和公司制度，出具第三方解决意见与考核人面谈解释原因，并在员工申诉表上签署意见，与员工面谈解释原因并在员工申诉表上签署意见。如果员工的申诉成立，确需改正申诉者的绩效考评结果，人力资源部应当与被考评者的上级协商，报绩效管理委员会批准后，调整该被考评者的绩效考评结果。

2. 二级申诉处理

如果员工对首次处理意见不服，有权利在接到首次处理意见后的一定期限内向公司的绩效管理委员会再次进行申诉，超过期限则不予受理；绩效管理委员会在接到员工的申诉后，需要在一定期限内作出裁决。

如果绩效管理委员会认为员工的二次申诉成立，则由人力资源部按照绩效管理委员会的处理意见与被评价者的上级进行协商，调整其绩效评价结果；如果绩效管理委员会经调查核实认为考评结果不存在问题，则维持原评价结果，员工不得继续申诉。

3. 资料归档

人力资源管理部门在本期绩效申诉结束后应该填写《绩效考核申诉处理表》，并将相关资料证据存档，如表7-9所示。

表7-9　绩效考核申诉处理表

申诉人		所在部门/处		申诉时间	
申诉原因说明：					
情况调查、事实认定说明：					
处理决定：					
结果通报及落实情况：					
申诉处理人：		审批人：		日期：	

第七章 拿考核结果来说话（绩效反馈）

> **温馨提示**

绩效申诉处理技巧

人力资源部在处理绩效申诉事件时，应掌握以下技巧：

1. 注意保密性

为了做到绩效申诉事件和对绩效申诉人的保密性，人力资源部在进行绩效申诉调查时应调查一类事件而不是一个事件。有时候为了掩饰绩效申诉调查给部门管理者带来的心理冲击，人力资源部可以借绩效评价随机抽查或以检查的名义开展绩效申诉事件的调查。

2. 多种渠道求证

人力资源部在进行绩效申诉调查时，应当先与申诉人进行面谈，了解具体情况，再与其同事面谈，从侧面了解事实情况。同时，应了解申诉人直接领导的相关意见和看法。必要时，可以将调查范围拓展到供应商、经销商或客户等外部人员。

人力资源部对绩效申诉项目的调查应主要集中于对事实和对申诉项目的核查，结合申诉人意见和调查的实际情况，对问题发生的具体原因进行分析，并综合调查结果，与相关人员再次面谈。

3. 多种处理方式

即使企业做得再好，绩效考核中难免会有一定的主观因素。有时候，员工只是因为考核人针对自己的主观评分比较低而情绪失控。

人力资源部经过调查发现考核人的主观评价具有公正性，或绩效申诉人的理由并不充分，这时候人力资源部要对申诉人进行思想开导，向其说明事实情况，以获得申诉人的理解。

【答疑解惑】

问：企业在建立和健全绩效申诉管理机制，进行绩效申诉处理时，应注意哪些方面？

【解答】应注意以下方面：

1. 保持信息对称

绩效分歧和绩效申诉常常是由于信息不对称所造成的。可能是考核人在对被考核人评价的时候没有进行沟通、没有反馈，在绩效管理运行过程中也不做绩效辅导，导致被考核人对自己绩效结果评判的来源和依据只能靠猜测和想象。

因此，企业在建立绩效管理体系时，要注意绩效相关信息的通畅性，强化绩效沟通，保证考核人与被考核人之间信息的对等性。因此，企业也可以在内网中建立信息交互平台，以保证被考核人能够随时监测到自己的绩效情况。

2. 以事实为依据

不以事实为依据的绩效评价不被被考核人接受，造成绩效申诉也在情理之中。即使是绩效结果中的主观评价，也应当以事实为依据。利用被考核人的关键事件，可以实现对被考核人基于客观事实的评价。

3. 及时反馈沟通

人力资源部或者考核人在处理绩效申诉时，应及时给予绩效申诉人反馈，告知绩效申诉人处理进展或者处理结果。对于企业其他员工可能存在的误解，可以形成书面的通知或说明及时地向企业员工传达相关信息。

4. 及时反省改进

对于绩效申诉过程中反映的在企业经营上、管理上、流程上、制度上的问题，人力资源部应当反馈给企业相关管理层，及时进行改进和修正。

参考文献

[1] 付维宁. 绩效管理 [M]. 北京：中国发展出版社，2012.

[2] 孙海法. 绩效管理 [M]. 北京：高等教育出版社，2010.

[3] 赫尔曼·阿吉斯. 绩效管理（原书第 4 版）[M]. 刘昕，朱冰妍，严会，译. 北京：中国人民大学出版社，2021.

[4] 付亚和，许玉林. 绩效管理 [M].4 版. 上海：复旦大学出版社，2021.

[5] 诸葛剑平. 绩效管理与薪酬设计实务 [M]. 杭州：浙江工商大学出版社，2016.

[6] 彭剑锋. 人力资源管理概论 [M].3 版. 上海：复旦大学出版社，2018.

[7] 刘畅. 人力资源管理实用工具大全 [M]. 北京：中国铁道出版社，2020.